dtv

dtv
portrait

Herausgegeben von Martin Sulzer-Reichel

Martha Schad, geboren 1939, studierte an der Universität
Augsburg Geschichte und Kunstgeschichte und promovierte
mit »Die Frauen des Hauses Fugger von der Lilie«. Sie schreibt
über historische Frauengestalten (Bayerns Königinnen; Frauen,
die die Welt bewegten; Kaiserin Elisabeth und ihre Töchter)
und gab den Briefwechsel zwischen Cosima Wagner und
Ludwig II. König von Bayern heraus.

Elisabeth von Österreich

von Martha Schad

Deutscher Taschenbuch Verlag

Weitere in der Reihe dtv portrait erschienene Titel S. 160

Originalausgabe
Juni 1998
2. Auflage November 1998
© Deutscher Taschenbuch Verlag GmbH & Co. KG, München
Umschlagkonzept: Balk & Brumshagen
Umschlagbild: Ausschnitt aus dem Gemälde ›Kaiserin Elisabeth in Hofgala
mit Diamantensternen‹ von Franz Xaver Winterhalter (© AKG, Berlin)
Layout: Matias Möller, Agents – Producers – Editors, Overath
Satz: Matias Möller, Agents – Producers – Editors, Overath
Druck und Bindung: APPL, Wemding
Gedruckt auf säurefreiem, chlorfrei gebleichtem Papier
Printed in Germany   ISBN   3–423–31006–5

Inhalt

1 Elisabeth, Kaiserin von Österreich und Königin von Ungarn, geborene
Herzogin in Bayern (1837–1898). Gemälde von Franz Xaver Winterhalter, 1864.
Wien, Kunsthistorisches Museum

Herzogin Elisabeth in Bayern
»Die Rose aus dem Baiernland«

Noch heute erinnert in der Schloßkirche in Tegernsee eine große steinerne Tafel an das prachtvolle Fest, das hier am 9. September 1828 stattfand: die Vermählung der Königstochter Prinzessin Ludovika von Bayern mit Herzog Maximilian in Bayern. An dieser Feier nahmen nicht weniger als 228 Personen teil – darunter zehn Königinnen und fünf Könige. Neun Jahre später, 1837, wurde dem Paar am Heiligen Abend an einem Sonntag nachts um 22.43 Uhr, eine kleine Prinzessin geboren, die bei ihrer Taufe am 26. Dezember die Namen Elisabeth Amalia Eugenia erhielt, den ersten zu Ehren ihrer Tante, der späteren Königin von Preußen. Als Taufpatin fungierte ihre Tante Auguste Amalie Herzogin von Leuchtenberg, eine Stiefschwester von Elisabeths Mutter.

Das neugeborene Mädchen besaß schon einen Zahn, einen Glückszahn, wie es in Bayern hieß. Viele Jahre später, im Sommer 1887, faßte die fünfzigjährige Kaiserin die glücklichen Umstände am Tage ihrer Geburt in einem Gedicht zusammen:

Ich bin ein Sonntagskind, ein Kind der Sonne;
Die goldnen Strahlen wand sie mir zum Throne,
Mit ihrem Glanze flocht sie meine Krone,
In ihrem Lichte ist es, dass ich wohne,
Doch wenn sie je mir schwindet, muss ich sterben.

Ludovika, Prinzessin von Bayern (1808–1892), in der Familie Luise genannt, war die Tochter des ersten bayerischen Königspaares Maximilian I. Joseph und Caroline von Baden. Ihr Stiefbruder war König Ludwig I. von Bayern, drei ihrer Schwestern waren ebenfalls Königinnen (von Sachsen und Preußen).

Elisabeths Vater **Maximilian in Bayern** (1808–1888) stammte aus der herzoglichen Linie der Wittelsbacher. Da er am Königshof in München keine eigentliche Funktion hatte, konnte er sein Leben seinen Liebhabereien und Liebschaften widmen.

Doch nun schien erst einmal die Sonne auf die kleine Herzogin, die schon zwei ältere Geschwister hatte: Ludwig und Helene. Auf Elisabeth folgten ihr Lieblingsbruder Karl Theodor, genannt Gakkel, dann Marie, Mathilde, Sophie und schließlich der Nachzügler Max Emanuel.

Die Kinder wuchsen im herzoglichen Palais an der Ludwigstraße in München auf und erhielten dort täglich außer sonntags Unterricht. Später kamen noch französische Gouvernanten und Tanzlehrer dazu, die die Erziehung der Töchter abrunden sollten.

Schon 1834 hatte Herzog Max das unweit von München gelegene Schloß Possenhofen am Ufer des Starnberger Sees erworben. Es lag inmitten eines entzückenden Parks mit herrlichen Rosengärten. Dort verbrachte vor allem Herzogin Ludovika mit ihren Kindern die Sommerzeit. Hier lernten sie jagen, reiten, rudern und schwimmen. Der Vater reiste viel und gern und hielt sich am liebsten im Kreise bürgerlicher Gelehrter und Künstler auf. Sein gekonntes Zitherspiel machte ihn populär – im Volksmund hieß er Zithermaxl –, er dichtete und komponierte. Der exzellente Reiter liebte es, selbst im eigenen Hauszirkus aufzutreten. Von ehelicher Treue hielt er allerdings we-

2 Elisabeths Eltern Ludovika und Maximilian in Bayern am Tegernsee. Gemälde von Joseph Stieler, 1830

Elisabeths Geschwister

1831–1920 **Ludwig** ging eine Liebesheirat mit der Schauspielerin Henriette Mendel ein, die später zur Baronin Wallersee erhoben wurde. Damit hatte er auf alle herzoglichen Rechte zu verzichten. Ihre Tochter Marie Louise, spätere Gräfin Larisch, wurde eine sehr enge Vertraute ihrer Tante, der Kaiserin. Sie lebte jahrelang in Wien und Gödöllö. Später galt Marie Louise als die »Verfemte von Mayerling«.

1834–1890 **Helene**, spätere Erbprinzessin von Thurn und Taxis

1839–1909 **Karl Theodor** wurde ein berühmter Augenarzt.

nig und zeugte mehrere außereheliche Kinder. Als alte Dame kommentierte Ludovika nüchtern: »Wir haben uns halt nicht heiraten mögen.«

Fünf Töchter standesgemäß zu verheiraten, erforderte einiges Geschick. Nachdem eine erste Schwärmerei der kleinen Elisabeth für einen jungen Mann entdeckt und unterbunden war, beschloß die Herzogin im August 1853,

3 Herzog Max führt im Hauszirkus Reiterkunststücke vor. Tuschzeichnung von H. von Mayer. München, Stadtmuseum, Maillinger-Sammlung

ihre unglückliche Kleine auf eine Reise nach Ischl mitzunehmen.

Hinter dieser Reise steckte Erzherzogin Sophie, die Mutter des österreichischen Kaisers Franz Joseph I. Sophie, wie ihre Schwester Ludovika eine bayerische Königstochter, war eine interessante, in das politische Leben eingebundene Frau, eine starke »Regentin«, die nach der Abdankung Kaiser Ferdinands ihren Mann dazu brachte, am 2. Dezember 1848 zugunsten seines Sohnes Franz Joseph auf den Thron zu verzichten. Sie galt als eine der entscheidenden politischen Kräfte hinter dem jungen Kaiser. Kein Wunder also, daß sie sich auch aktiv um die Heiratspläne ihres Sohnes kümmerte. Eine katholische bayerische Prinzessin entsprach ihren Vorstellungen durchaus: Bayern war einer der treuesten Partner Österreichs im Deutschen Bund, und so schien eine neuerliche Verbindung zwischen Bayern und Österreich politisch opportun. Ihre Wahl fiel auf Helene, die älteste Tochter Ludovikas, als zukünftige Kaiserin von Österreich.

Herzogin Ludovika und ihre Töchter Elisabeth und Helene trafen mit ziemlicher Verspätung in Ischl ein, worauf die Erz-

9

1841–1925 **Marie**, nachmalige Königin von Neapel, war nach dem Urteil der Zeitgenossen die Schönste der herzoglichen Schwestern.

1843–1925 **Mathilde**, »Spatz« genannt, heiratete Ludwig von Bourbon-Sizilien, Graf von Trani, der 1886 in einem Anfall von Schwermut Selbstmord verübte.

1847–1897 **Sophie**, für kurze Zeit die Braut König Ludwigs II., wurde dann die Gemahlin von Ferdinand Herzog von Alençon.

1849–1893 **Max Emanuel** (»Mapperl«) vermählte sich mit Amalie von Sachsen-Coburg-Gotha, einer Schwester des Zaren Ferdinand von Bulgarien.

herzogin ziemlich verstimmt reagierte. Zudem fehlte an diesem 16. August 1853 noch der Wagen mit der gesamten Garderobe, so daß Ludovika und ihre Töchter noch in Reisekleidung zum Tee erschienen. Statt sich für die auserwählte Braut Helene zu interessieren, ruhten die Augen des Kaisers von Anfang an nur auf Elisabeth, die in der Familie liebevoll »Sisi« gerufen wurde. »In dem Augenblick, als der Kaiser Sisi erblickte, [erschien] ein Ausdruck von so großer Befriedigung in seinem Gesicht, dass man nicht mehr zweifeln konnte, auf wen seine Wahl fallen würde«, schrieb die Erzherzogin an ihre Schwester Marie Königin von Sachsen.

Am folgenden Tag erklärte der junge Kaiser seiner Mutter, daß er sich bereits für eine Tochter seiner Tante Ludovika entschieden habe: allerdings nicht für die elegante Herzogin Helene, sondern für »Sisi«, denn »sie ist frisch wie eine aufspringende Mandel und welch herrliche Haarkrone umrahmt ihr Gesicht! Was hat sie für liebe, sanfte Augen und Lippen wie Erdbeeren.« Alle Ermahnungen Sophies, die Wahl nicht zu überstürzen, blieben wirkungslos. Als am Abend des 17. August aus Anlaß des bevorstehenden Kaisergeburtstags ein

4 Elisabeths Geschwister auf der Terrasse in Possenhofen. Von links nach rechts: Sophie, Max Emanuel, Karl Theodor, Helene, Ludwig, Mathilde und Marie. Gemälde von Joseph Stieler, 1854

> Der junge Herrscher dieses Landes hat mir einen sehr angenehmen Eindruck gemacht: zwanzigjähriges Feuer gepaart mit der Würde und Bestimmtheit reifen Alters, ein schönes Auge, besonders wenn er lebhaft wird, und ein gewinnender Ausdruck von Offenheit, namentlich beim Lächeln. Wenn er nicht Kaiser wäre, würde ich ihn für seine Jahre zu ernst finden.
>
> *Otto von Bismarck über Franz Joseph I., 1850*

Ball stattfand, tanzte Franz Joseph nicht nur mit der recht einfach gekleideten Elisabeth, sondern überreichte ihr anschließend zum Entsetzen von Helene (Nené) sein Bukett – für alle Anwesenden ein unmißverständliches Zeichen.

Auf der Geburtstagsfeier des Kaisers am 18. August saß Elisabeth an dessen Seite. Nach einer Unterredung mit Erzherzogin Sophie zitierte deren Schwester Ludovika ihre 15 Jahre alte Tochter zu sich und machte ihr klar, daß sie dem Kaiser von Österreich »keinen Korb« geben könne. Tags darauf fand im Haus des Bürgermeisters Wilhelm Seeauer die offizielle Verlobung statt, und das Brautpaar wurde darauf um 11 Uhr bei einer heiligen Messe in der Ischler Pfarrkirche gesegnet.

Telegraphisch wurden der König von Bayern sowie der Brautvater in München von der Verlobung informiert, und man bemühte sich um eine päpstliche Dispens für die Eheschließung, da die Brautleute Vetter und Cousine ersten Grades waren. Der nach Franz Josephs Worten »göttliche Ischler Séjour« dauerte bis zum 31. August, dann trat die Kaiserbraut ihre Heimreise an. Die Mutter des Kaisers kaufte die von ihr bislang nur gemietete Villa Marstallier zur Erinnerung an die Verlobung und ließ sie als »Kaiservilla« für die alljährliche Sommerfrische umgestalten.

Franz Joseph besuchte seine Braut dreimal in München und überschüttete sie mit teuren Geschenken. Von ihrer Tante und

11

Franz Joseph war am 18. August 1830 in Schloß Schönbrunn als Sohn des Erzherzogs Franz Karl und dessen Gemahlin Sophie auf die Welt gekommen. Als sein kinderloser Onkel, Kaiser Ferdinand, nach der Revolution von 1848 abdankte und sein Vater auf die Herrschaft verzichtete, bestieg er am 2. Dezember 1848 den Thron.

zukünftigen Schwiegermutter erhielt sie zu Weihnachten einen Kranz und ein Bukett aus frischen Rosen – mitten im Winter eine kleine Sensation. In München und in Wien liefen die Hochzeitsvorbereitungen derweil auf Hochtouren, und Erzherzogin Sophie beschäftigte sich damit, die Wohnung des Kaiserpaares in der Hofburg so einzurichten, daß die junge Frau nur vom Schönsten und Besten umgeben sein würde. Anfang März wurde der Ehepakt unterzeichnet, dann folgte die feierliche Verzichtserklärung auf die Erbfolge im Königreich Bayern.

Am 20. April 1854 war es dann soweit: Sisi nahm Abschied von der Heimat. Nach einem Abschiedsessen bei Maximilian II. und seiner Gemahlin Marie von Preußen sowie beim abgedankten König Ludwig I. und Therese von Sachsen-Hildburghausen verließ Sisi zusammen mit ihrer Mutter, gefolgt von den Geschwistern, in einer Kutsche das Palais in der Ludwigstraße. In Straubing ging die Braut an Bord des Luxusdampfers ›Stadt Regensburg‹ und stieg in Linz auf das kaiserliche Dampfschiff ›Franz Joseph‹ um. Der Empfang in Wien geschah unter größter Anteilnahme der Bevölkerung. Noch vor dem Anlegen sprang der Bräutigam, nicht ganz der Etikette entsprechend, auf den Dampfer und umarmte seine Braut, die ein rosarotes Seidenkleid und Seidenhut sowie einen weißen Schleier trug. Mit der Kutsche ging es zuerst nach Schönbrunn und dann zur Hofburg. Die »Rose aus dem Baiernland« löste überall Entzücken aus. Einer Märchenhochzeit und glücklichen Ehe schien nichts mehr im Wege zu stehen. Doch wer nahe genug am Prunkwagen stand, konnte erkennen, daß die Prinzessin in Tränen aufgelöst und völlig verängstigt war. Elisabeth war zuvor noch nie in Wien, der Hauptstadt des Vielvölkerstaates, gewesen.

Ja, ich habe den Kaiser schon lieb. Wie soll man diesen Mann nicht lieben können. Aber wie kann er nur an mich denken, ich bin ja so jung, so unbedeutend. Ich will alles tun, um den Kaiser glücklich zu machen. Aber ob es wohl gehen wird?

Elisabeth zu ihrer Gouvernante Roedi

Das junge Kaiserpaar
Zwei Töchter und ein Sohn

Es war am 24. April 1854 um halb sieben Uhr abends, als der zweiundzwanzigjährige Kaiser Franz Joseph seine noch nicht siebzehnjährige Braut Elisabeth, Herzogin in Bayern, zum Altar in der im Glanz von 15 000 Kerzen strahlenden Augustinerkirche führte. Dem Stand des Brautpaars entsprechend, war es der Erzbischof von Wien, Kardinal Rauscher, der, umgeben von 50 Bischöfen und Prälaten, die Trauung vollzog. Seine ungemein blumige, weitschweifige Ansprache brachte dem Kirchenfürsten den Namen »Kardinal Plauscher« ein. Der Kaiser, eine jugendliche Erscheinung in ordensübersäter Feldmarschalluniform, betrat als erster des Brautzuges die Kirche, dahinter seine Mutter, Erzherzogin Sophie, und Herzogin Ludovika in Bayern, die Brautmutter. Zwischen ihnen schritt anmutig, aber blaß Elisabeth in einem gold- und silberbestickten weißen, reich mit

5 Trauung des Kaisers Franz Joseph I. mit der Kaiserin Elisabeth, Wien 24. April 1854. Holzstich nach einer zeitgenössischen Vorlage, aus »Über Land und Meer«, um 1880

Myrten geschmückten Schleppkleid. Auf dem Haupt trug sie das funkelnde Brautdiadem der Erzherzogin Sophie, an der Brust frische weiße Rosen.

Erzherzogin Sophie – »Habsburgs jüngste Blüte«

Die junge Kaiserin schlug alle in ihren Bann. Wo immer das junge Paar erschien, gewann die bildschöne junge Frau die Herzen ihrer Untertanen. Der Kaiser verbrachte mit Elisabeth im Juni zwei Wochen in Böhmen und Mähren; dann kehrten sie nach Wien zurück. Schon zu dieser Zeit schlich sich bei Elisabeth ein starkes Heimweh nach ihrer Mutter, ihren Geschwistern und ihrer Heimat ein.

Als Erzherzogin Sophie bei Sisi erste Anzeichen einer Schwangerschaft bemerkte, teilte sie dies am 29. Juni 1854 ihrem Sohn in einem Brief mit, gleich mit entsprechender Verhaltensmaßregel: Er solle ab sofort die stürmischen Liebesbezeigungen bei seiner Frau einstellen. Weiter schrieb sie, daß Sisi sich nicht zu sehr mit ihren Papageien abgeben solle, da, »zumal in den ersten Monaten man sich so leicht an den Tieren verschaut, die Kinder Ähnlichkeit mit ihnen erhalten«. Sie solle lieber »sich beim Spiegel und Dich anschauen. Dies Verschauen lass' ich mir gefallen.«

Elisabeths Mutterschaft begann mit vielen körperlichen Beschwerden. Franz Joseph tat es weh, Sisi so leiden zu sehen. Er berichtete seiner Mutter: »Sisi konnte nicht erscheinen, da sie gestern recht miserabel war. Sie mußte schon aus der Kirche weg und erbrach sich dann mehrere Male, auch litt sie an Kopfweh und brachte fast den ganzen Tag auf ihrem Bett liegend zu; nur abends nahm sie mit mir den Tee auf unserer Terrasse beim herrlichsten Abend.« Dieses Unwohlsein stei-

Ich bin erwacht in einem Kerker,
Und Fesseln sind an meiner Hand.
Und meine Sehnsucht immer stärker –
Und Freiheit! Du, mir abgewandt!

Elisabeth kurz nach ihrer Heirat im April 1854

gerte Elisabeths ohnehin vorhandenes Heimweh nach der Mutter, die zwar regelmäßig schrieb und »Ratschläge und Vorsorge-Empfehlungen eines Mutterherzens für die kleine bereits hoffende Tochter« schickte, doch erst Ende Juli nach Ischl kam.

Die junge Kaiserin fand es »ganz gräßlich«, daß sie sich täglich im Park von Schloß Laxenburg, wo sie und Franz Joseph zunächst wohnten, zeigen sollte. Aber ihre Schwiegermutter hatte den Park kurzfristig für die Öffentlichkeit zugänglich gemacht und erklärte, es sei Sisis Pflicht, sich als Schwangere dem Volk zu zeigen. Elisabeth, die ihrer äußeren Erscheinung sehr große Bedeutung beimaß und – gemäß der Auffassung der Zeit – ihren schwangeren Körper sehr unvorteilhaft fand, widersetzte sich und ging fast gar nicht mehr spazieren.

Tatsächlich nahm die gesamte Nation Anteil an der Schwangerschaft der jungen Monarchin. So erließ etwa der Wiener

6 In den ersten Jahren wohnte das Kaiserpaar vornehmlich in **Schloß Laxenburg**. Von hier aus fuhr Franz Joseph alltäglich nach Wien, um seinen Regierungsgeschäften nachzugehen, und kehrte erst spät am Abend zurück. Das Schloß, dessen Anfänge bereits auf das 12. oder 13. Jahrhundert datiert werden, diente jahrhundertelang als Sommerresidenz oder Jagdschloß der kaiserlichen Familie. Den Wohntrakt stellte seit 1760 der abgebildete Blaue Hof dar. In diesem Schloß wurden Elisabeths Kinder Gisela und Rudolf geboren.

7 Die Erzherzogin Sophie. Gemälde von Franz Schrotzberg, 1855

Erzbischof am 15. Januar 1855 die Anordnung, um eine glückliche Geburt zu beten. Dem mochte auch der Bischof von Linz nicht nachstehen und ließ aus demselben Grund nicht nur am 28. Januar Betstunden abhalten, sondern verordnete diese für alle Pfarrkirchen der Diözese. Schließlich erließ der Kaiser aus Anlaß der bevorstehenden Entbindung seiner Frau am 28. Februar 1855 einen Gnadenakt über den Nachlaß von Strafen wegen Majestätsbeleidigung und Störung der öffentlichen Ruhe.

Am 5. März 1855 war es soweit: 21 Kanonenschüsse ließen ganz Wien wissen, daß am Kaiserhof kein Thronfolger, sondern eine Erzherzogin geboren worden war. Die Details der Entbindung zeichnete Erzherzogin Sophie genau in ihrem Tagebuch auf: Die Wehen setzten um sieben Uhr morgens ein, und der Kaiser holte seine Mutter, die sich mit einer Handarbeit vor dem kaiserlichen Schlafzimmer postierte. Als die Wehen stärker wurden, kam die Schwiegermutter ans Bett, wo schon Franz Joseph saß. »Sisi hielt die Hand meines Sohnes zwischen den ihren und küßte sie einmal mit einer lebhaften und respektvollen Zärtlichkeit; das war so rührend und machte ihn weinen; er küßte sie ohne Unterlaß, tröstete sie und klagte mit ihr und schaute mich bei jeder Wehe an, um zu sehen, ob ich damit zufrieden war. Als sie jedesmal stärker wurden und die Entbindung begann, sagte ich es ihm, um Sisi und meinem Sohn neuen Mut zu geben.

Meine Kleine ist wirklich schon sehr nett und macht dem Kaiser und mir ungeheuer viel Freude, auch habe ich die Kleine den ganzen Tag bei mir, ausser wenn sie spazieren getragen wird, was bei dem schönen Wetter oft möglich ist.

An die Eltern in Possenhofen, im März 1855

Ich hielt den Kopf des guten Kindes, die Kammerfrau Pilat die Knie und die Hebamme hielt sie von hinten. Endlich nach einigen guten und langen Wehen kam der Kopf und gleich danach war das Kind geboren (nachts drei Uhr) und schrie wie ein Kind von sechs Wochen. Die junge Mutter sagte mit einem Ausdruck von so rührender Seligkeit: ›oh, jetzt ist alles gut, jetzt ist mir einerlei, was ich gelitten!‹ Der Kaiser brach in Tränen aus, er und Sisi hörten nicht auf, sich zu küssen, und sie umarmten mich mit der lebhaftesten Zärtlichkeit. Sisi schaute ihr Kind mit Entzücken an, und sie und der junge Vater waren voll Sorge für das Kind, ein großes und starkes Mädchen.« Das Kind erhielt bei der Taufe in der Hofburg-Pfarrkirche die Namen Sophie Friederike Dorothea Maria Josepha.

Was folgte, war keine Mutter-Kind-Idylle: Sisi hatte sich dem Hofprotokoll zu beugen. Die kleine Sophie kam in die sogenannte »Kindskammer«, die bezeichnenderweise neben dem Zimmer der Großmutter Sophie lag. In der Korrespondenz der Erzherzogin Sophie finden sich immer wieder Hinweise, wie stolz sie auf ihre Schwiegertochter war und wie sie sich bemühte, ihr das Leben am Hof nahezubringen und gleichzeitig auf ihre Jugend Rücksicht zu nehmen. Doch die junge Kaiserin, die in so ungezwungenen Verhältnissen aufgewachsen war, stellte sich ihr Leben mit den Kindern anders vor. So empfand sie alles, was Sophie tat, als gegen sich persönlich gerichtet. Aus anfänglichen Sticheleien entwickelte sich mit der Zeit eine massive gegenseitige Ablehnung der beiden ersten Frauen des Landes. Und statt sich ihre Position am Hof zu erobern, lief Sisi regelrecht davon: Ende Juni 1855 verließ sie für knapp zwei Wochen Wien – ohne ihr Kind –, um sich im heimlichen Possenhofen zu erholen.

Die Tatsache, daß sich **Erzherzogin Sophie** massiv in die Erziehung ihrer Enkel einschaltete, hängt sicher nicht zuletzt mit ihrem durchaus ausgeprägten Machtbewußtsein zusammen. So erinnerte sie ihren Sohn Franz Joseph gern daran, daß sie ihm zuliebe ein großes Opfer gebracht habe, nämlich auf den Titel einer Kaiserin zu verzichten. Viele Zeitgenossen sahen sie als die »heimliche Kaiserin«. Da ihr schwerkranker Schwager, Ferdinand »der Gütige«, diesem Amt ebenso wenig gewachsen war wie ihr eigener Gemahl, Erzherzog Franz Karl, galt sie als »der einzige Mann« am Hof, wurde zeitweise aber auch als »böser Geist« geschmäht.

Die zweite Tochter: Erzherzogin Gisela

Ende des Jahres 1855 wurde es wieder deutlich, daß Sisi ihrer vornehmsten Pflicht nachkam: dem Haus Habsburg Erben zu gebären. Erneut verfolgte ganz Österreich mit Spannung, wie sich die Schwangerschaft entwickelte, wieder ordnete der Erzbischof Gebetsstunden an, und der Bischof von Linz erhob eine gesonderte Kollekte. Selbst die israelische Synode zu Jerusalem betete in der Hauptsynagoge in einem feierlichen Gottesdienst um eine glückliche Entbindung – dies meldeten die Wiener Zeitungen am 1. Juli.

Am 5. Juli 1856, um 6 Uhr 35 Minuten, wurde Elisabeth auf Schloß Laxenburg von einer Tochter entbunden, die am 13. Juli auf die Namen Gizella (ungarische Schreibweise) Ludovika Maria getauft wurde. Taufpatin war die Mutter der Kaiserin, die erneut nicht anwesend war und von der Mutter des Kaisers vertreten wurde. Auf der jungen Kaiserin lag während der gesamten Schwangerschaft eine große Last. Beim zweiten Kind wurde nun wirklich ein Thronfolger erwartet. Und die Enttäuschung blieb nicht aus. Der Kaiser half seiner Frau, dieses »Los« zu tragen. Er scherzte: »Vielleicht weil du dem Rat jenes Rabbiners (J. Alexandersohne) aus Pest nicht gefolgt bist, während der Geburt ein hebräisches Gedicht an deiner Tür anzuschlagen.«

Als sich das Kaiserpaar im November 1857 nach Venedig und Mailand begab, nahm es die kleine Sophie mit, Gisela blieb in Wien. Im Frühjahr 1857 entschloß sich der Kaiser, mit seiner Frau nach Ungarn zu reisen. Diese bestand darauf, ihre beiden Töchter mitzunehmen – gegen den Rat der Schwiegermutter. Bei der umjubelten Ankunft am 4. Mai 1857 in Ofen kränkelte Sophie. Der kaiserliche Leibarzt erkannte nicht, daß das kleine Mädchen an der Ruhr litt, sondern diagnostizierte

Unsere Kleine ist ein Engel im Himmel. Nach langem Kampfe ist sie zuletzt ruhig um – 10 Uhr verschieden. Wir sind vernichtet. Sisi ist voll Ergebung in den Willen des Herrn.

Kaiser Franz Joseph
an seine Eltern, 29. Mai 1857

Elisabeths Schwiegersohn Leopold von Bayern

Prinz Leopold von Bayern (1846–1930), zweitältester Sohn des späteren Prinzregenten Luitpold und seiner Gemahlin Auguste Ferdinande, Erzherzogin von Österreich, Prinzessin von Toskana (1825–1864), entschloß sich 1872, sein Junggesellenleben zu beenden und zu heiraten. Elisabeth, seine »alte Tante«, wie sie sich in einem Brief an ihn nannte, lud ihn nach Ungarn ein, um einen »Blick« auf ihre älteste Tochter Gisela zu werfen.

So fand sich Prinz Leopold am 4. April 1872 bei der kaiserlichen Familie in Ofen in Ungarn ein und wurde herzlich willkommen geheißen. In seinen Lebenserinnerungen schildert Leopold detailliert, was dann passierte: »Bald traten auch die kaiserlichen Kinder ein, die noch nicht sechzehnjährige Erzherzogin Gisela, ein anmutiges Mädchen mit einem lieben, sympathischen Gesichtsausdruck, das eben erst die Kinderschuhe vertreten hatte und zur anmutigen Jungfrau herangewachsen war … Zu Mittag war ein größeres Diner, bei welchem die Erzherzogin Gisela zum ersten Mal ein längeres Kleid trug, das ihr allerliebst stand … Die Kaiserin hatte es so eingerichtet, ohne zuvor davon etwas zu sagen, daß ich mit der jungen Erzherzogin im äußeren Salon alleine zurückblieb. Es war die entscheidende Stunde. Ich bat sie um die Rose, die sie in ihrer Taille trug, und da sie mir dieselbe gab, tat ich die schicksalsschwere Frage, ob sie es mit mir für das Leben wagen wolle. In reizend kindlicher Weise gab sie ihr Jawort und küßte mich auf die Wange, und frug dann sehr schüchtern, ob ihre Mama davon wisse. Das Miniaturbild von Raab [links], das sie mir später gab und welches auf meinem Schreibtisch steht, stellt sie dar in dem Kleide, das sie damals trug, mit der Rose im Gürtel.«

Der Kaiser informierte seine in Wien weilende Mutter über das Ereignis. Sein Telegramm und der folgende lange Brief wirken wie eine Rechtfertigung für die frühe Verlobung seiner Tochter: »Daß wir so früh daran dachten, Gisela zu verheiraten, kommt daher, daß es jetzt so wenig katholische Prinzen gibt und trachten mußten, uns des einzigen unter ihnen zu versichern, dem wir Gisela mit Beruhigung geben können … Gisela hatten wir nichts gesagt, damit sie ganz unbefangen sei und da wir die Entscheidung ihr vollkommen überlassen wollten … Gisela war wirklich recht lieb.« Erzherzogin Sophie, die kurz nach der Verlobung unerwartet verschied, meinte zur Verlobung: »Gisela ist entzückt, früh unter die Haube zu kommen, da sie noch ein lieber Backfisch ist, aber sie hat die angeborene Vernunft und Pflichttreue ihres Vaters …«

Prinz Leopold von Bayern und Gisela Erzherzogin von Österreich traten am Weißen Sonntag, dem 20. April 1873, vor den Altar der Augustinerkirche in Wien. Dann hieß es Abschied nehmen von der Heimatstadt, den Eltern und dem sehr um seine Schwester weinenden Kronprinzen Rudolf.

Die Hochzeitsreise des jungen Paares führte nach Salzburg, von wo es in einem Extrazug nach München weiterreiste. Den Einzug in seine Haupt- und Residenzstadt ließ König Ludwig II., der Neffe Luitpolds, für die Tochter der von ihm sehr verehrten Kaiserin besonders feierlich gestalten. Danach bezogen die Neuvermählten eine im italienischen Stil erbaute Vil-

Schwierigkeiten beim Zahnen. Als das Kaiserpaar sich zur Weiterreise nach Debrecen entschloß, mußten sie, noch immer ahnungslos, das bereits todkranke Kind in Ofen zurücklassen. Ein Telegramm holte das Kaiserpaar zurück, wo sie gerade noch rechtzeitig ankamen, daß das Kind in den Armen der Kaiserin starb. Von diesem Schlag erholte sich Sisi nie, zumal sie sich schuldig fühlte, die kleine Sophie nach Ungarn mitgenommen zu haben.

Kronprinz Rudolf – der ersehnte Thronfolger

In die Trauer um das Töchterchen Sophie mischte sich allmählich freudige Erwartung auf ein weiteres Kind. Als am 21. August 1858 schließlich 101 Kanonenschüsse durch Wien hallten, zeigten diese an, daß in Laxenburg endlich der ersehnte Kronprinz zur Welt gekommen war. Während die Kaiserin nach der

la in der Schwabinger Landstraße. In Schwabing tragen bis heute zwei Straßen die Namen des Paares: die Leopold- und die Giselastraße.

Prinz Leopold und Prinzessin Gisela hatten vier Kinder: zwei Töchter und zwei Söhne. Tochter Elisabeth kam am 8. Januar 1874 zur Welt – die Kaiserin, die im Alter von gerade einmal 36 Jahren Großmutter geworden war, traf kurz nach der Geburt in München ein. Ihr Verhältnis zu ihrer Tochter Gisela war nicht durch große Innigkeit gekennzeichnet. Wenn Elisabeth nach München kam, wohnte sie nie bei der Tochter, sondern stets im Hotel.

Ein Jahr nach Elisabeths Geburt kam am 23. April 1875 Giselas zweite Tochter Auguste zur Welt. Fünf Jahre später, am 2. April 1880, wurde ihr erster Sohn Georg geboren, der sich 1912 mit Isabella Erzherzogin von Österreich (1888–1973) vermählte. Nachdem die Ehe bereits ein Jahr später annulliert worden war, blieb die Erzherzogin unverheiratet, während der Prinz als promovierter Jurist und Domherr von St. Peter in Rom Karriere als apostolischer Protonotar machte. Er war es, der das von Manzù geschaffene ›Portal des Todes‹ am Petersdom in Rom stiftete.

Am 22. November 1883 kam schließlich das vierte und letzte Kind, Konrad, zur Welt. Er heiratete Bona Margherita Prinzessin von Savoyen-Genua (1896–1971) und wurde nach dem Zweiten Weltkrieg Vorstandsvorsitzender der deutschen Tochtergesellschaft des Turiner Fiat-Konzerns, der in Heilbronn ansässigen NSU-Autowerke, die 1957 ein PKW-Modell »Prinz« herausbrachten.

Nach siebenundfünfzigjähriger Ehe starb Prinz Leopold am 28. September 1930 in München. Zwei Jahre später, am 27. Juli 1932, verschied auch die fromme und wohltätige Prinzessin Gisela von Bayern. Ihre Beisetzung fand in der Kirche St. Michael in München an der Seite ihres Gemahls statt.

9 Kronprinz Rudolf im Alter von 13 Jahren.
Miniatur von Friedrich Wailand, 1871

Geburt Rudolfs hohes Fieber bekam und man befürchtete, sie
leide unter Kindbettfieber – ein
Verdacht, der sich nicht bestätigte –, gedieh der Erbe
prächtig. Zu Ehren des Stamm-
vaters der Habsburger Dynastie wurde er auf den Namen
Rudolf getauft.

Erzherzogin Gisela und der
Kronprinz erhielten ihren eigenen
Hofstaat. Wie damals üblich, wurde
die Erziehung von angestellten Kinder-
frauen, Gouvernanten und Lehrern geleitet, die vornehmlich
von der Großmutter angestellt wurden – nicht nur, weil sie dazu besser in der Lage war als ihre Schwiegertochter, sondern
auch, weil die Kaiserin zu selten in Wien weilte. Allerdings
schritt diese energisch ein, als der erste, vom Kaiser bestimmte Erzieher Rudolfs, Leopold Graf Gondrecourt, ihren sechs-
jährigen Sohn allzu hart anfaßte, um den sensiblen, eher furcht-
samen Knaben auf die soldatische Laufbahn vorzubereiten.
Elisabeth stellte ein Ultimatum und setzte durch, daß der Graf
durch den warmherzigen Grafen Latour von Thurmberg er-
setzt wurde.

Im Jahr 1859 sah sich Franz Joseph gezwungen, nach Italien
zu reisen. Nachdem sich Cavour am 20. Juli 1858 der Unterstützung des französischen Kaisers Napoleon III. versichert hatte,
bemühte sich der italienische Politiker nachhaltig, den Einfluß
Österreichs auf Norditalien zurückzudrängen, was 1859 zum
Krieg und nach den verlorenen Schlachten von Magenta am

Kaiser Franz Joseph I. sah unter dem
Eindruck der Revolution von 1848
seine Aufgabe in der **Wiederher-
stellung und Stärkung der Zentral-
gewalt**. Nachdem er die 1849 durch
die Revolutionäre erzwungene Verfassung nicht in Kraft gesetzt und
1851 ganz abgeschafft hatte, regierte
er sein großes Reich im Sinne des

Neoabsolutismus und bemühte sich
um eine zunehmende Zentralisie-
rung. Erst die Niederlage im Krieg
gegen Italien 1859 leitete eine Wende
seiner Politik hin zu konstitutionellen
Formen ein.

4. und von Solferino am 24. Juni zur Niederlage Österreichs führte. Die Kaiserin blieb allein in Laxenburg zurück. Auf die Abwesenheit ihres Mannes und die ständige Bevormundung durch ihre Schwiegermutter reagierte sie mit Schlaf- und Appetitlosigkeit sowie einer hektischen Unruhe. Außerdem kamen ihr Gerüchte über die Erfolge ihres Mannes beim ›schönen Geschlecht‹ zu Ohren, die sie aufs tiefste verletzten. Die Krise kulminierte in einer überstürzten Abreise im November 1860 zuerst nach Madeira, dann nach Korfu. Als sie nach fast zwei Jahren wieder nach Wien zurückkehrte, war Großmutter Sophie längst die wichtigste Person im Leben der Kinder.

22

Der Wiener Lungenspezialist Dr. Josef Skoda verordnete aufgrund der Beschwerden der Kaiserin den probaten ›Tapetenwechsel‹. An eine Lungenschwindsucht glaubte er nicht. Bereits auf der Seereise nach Madeira entwickelte Elisabeth Appetit, und das mitgebrachte Bier mundete ihr ausgezeichnet.

Zu den Reisen Elisabeths siehe die Seiten 51–80

Elisabeth, Königin von Ungarn
Das »ungarische Kind«: Marie Valérie

Das Verhältnis des österreichischen Kaiserhauses zu Ungarn, das seit den Türkenkriegen im 17. Jahrhundert zu einer mehr oder minder unbedeutenden Provinz geworden war, gestaltete sich seit der Revolutionsbewegung von 1848/1849 immer schwieriger. Zwar war es Österreich mit Hilfe Rußlands gelungen, die am 14. April 1849 vom ungarischen Landtag in Debrecen beschlossene Thronenthebung der Habsburger rückgängig zu machen und die Unabhängigkeitsbestrebungen Ungarns mit Waffengewalt zu vereiteln, doch das Verhältnis zum »Land der vier Ströme und drei Berge« blieb gespannt. Im Jahr 1861 wurde nach zwölfjähriger zentralistischer Verwaltung der Provinz wieder ein Landtag einberufen, der sich um die Wiedereinsetzung der ungarischen Verfassung im friedlichen Ausgleich mit Wien bemühte.

Elisabeth, ansonsten ohne großes Interesse an Fragen der Politik, verfolgte jedoch leidenschaftlich alle Entwicklungen, die mit dem Land der Magyaren zusammenhingen. Seit 1863 widmete sie sich mit Ausdauer dem Studium des Ungarischen und war knappe drei Jahre später in der Lage, eine Delegation des ungarischen Landtages in Wien in fehlerlosem Ungarisch zu begrüßen. Bei dieser Gelegenheit im Januar 1866 standen sich Elisabeth und Gyula Graf Andrássy, der ehemalige Revolutionär von 1848 und spätere ungarische Ministerpräsident, erstmals gegenüber. Zwischen den beiden sollte sich eine lebenslange Freundschaft entwickeln, der durchaus amouröse

10 Gyula Graf Andrássy (1823–1890), beteiligt am ungarischen Aufstand unter Ludwig Kossuth 1849, wurde in Abwesenheit zum Tode verurteilt und ging ins Exil. Er erreichte schließlich 1867 den Ausgleich mit Österreich und wurde 1867–1871 ungarischer Ministerpräsident. Als k. u. k. Minister des Äußeren (1871–1879) handelte er das Dreikaiserabkommen mit Rußland und dem Deutschen Reich aus.

Züge anhafteten. Außerdem lernte die Kaiserin den »weisen Mann« Ungarns kennen, Franz Deák, der die ungarischen Bedingungen formuliert hatte: Eine zentrale Regierung in Wien würde nur anerkannt, wenn man sich mit Franz Joseph als ungarischem König über die ungarische Verfassung einigen könne. Unter dem Einfluß Andrássys sowie ihrer geliebten Hofdame, der Ungarin Ida Ferenczy, wirkte Elisabeth beim Kaiser intensiv auf einen Ausgleich mit Ungarn hin, vielleicht nicht zuletzt, da sie dort auch dem strengen Hofzeremoniell und den Einmischungen ihrer Schwiegermutter entfliehen konnte. Als die Preußen nach der Schlacht von Königgrätz vor den Toren Wiens standen, wich Sisi mit ihren Kindern bezeichnenderweise fünf Wochen lang nach Budapest aus, wäh-

11 Die Krönung in Pest-Ofen: Ankunft der Kaiserin-Königin Elisabeth vor dem Portal der Krönungskirche. Holzstich aus der ›Illustrierten Zeitung‹, Leipzig, vom 13. Juli 1867

Im Verhältnis zu Deutschland erwiesen sich die Jahre nach der Revolution von 1848/1849 als schicksalhaft für die politische Zukunft Österreichs. Der Kaiser bemühte sich – mit Unterstützung eines Teils des Frankfurter Parlaments – um die Vorherrschaft im Deutschen Bund, der in ein Großdeutsches Reich unter österreichischer Führung übergehen sollte. Doch die preußische Politik unter Federführung Bismarcks wußte das zu verhindern, da Preußen selbst Anspruch auf die gesamtdeutsche Führung erhob. In der Schlacht von Königgrätz in Böhmen am 3. Juli 1866 unterlagen die österreichischen

rend die scharf anti-ungarisch eingestellte Erzherzogin Sophie in Ischl Zuflucht suchte. Schließlich entschlied sich der
Kaiser 1867 schweren Herzens für den sogenannten Ausgleich
und beschloß, sich zum König von Ungarn krönen zu lassen –
ein Schritt, der das österreichische Reich zur Doppelmonarchie Österreich-Ungarn machte.

Die Krönung zum ungarischen Königspaar fand am 8. Juni
1867 in Budapest statt – ein Spektakel größter Prachtentfal-
tung. Wo immer Elisabeth sich zeigte, brach das Volk in spon-
tanen Jubel aus. Auf Schloß Gödöllö, dem Krönungsgeschenk
der Ungarn, verlebte das Kaiser- bzw. Königspaar wunder-
schöne Tage und genoß die wiedergefundene Zuneigung. So
verwundert es nicht, daß sich bald wieder eine Schwangerschaft einstellte und im Januar 1868 Erzherzogin Sophie aus
Wien ihrer Schwester Ludovika berichtete, daß Elisabeth blü-
hend aussehe. Da sie sich aber schonen müsse, bleibe sie viel
in ihrem Zimmer, und sie sehe sie nun häufiger, »weil *ich sie*
besuche. Sie ist schon ziemlich stark und ich wundere mich,
dass die Kinder nicht darob erstaunt sind ... Rudolph befindet
sich, Gottlob, sehr wohl.«

Die Kaiserin hatte beschlossen, daß das erwartete Kind in
Ungarn geboren werden sollte. Ein Sohn würde nach dem ersten, heiliggesprochenen ungarischen König auf den Namen
Stefan getauft werden. Da der Kaiser zu recht fürchtete, daß
seine Gemahlin in Wien noch mehr an Popularität verlieren
könne, gab man erst am 5. Februar offiziell bekannt, daß die
Niederkunft in Budapest stattfinden werde. Am 22. April kam
das Kind, wieder eine Tochter, die auf den Namen Marie Valérie getauft wurde, im Königlichen Palast in Buda zur Welt.
Der Kronprinz war gesund, und so mußte nicht unbedingt
ein zweiter Sohn geboren werden. Sisis Wunsch, daß das kleine Mädchen der Liebling der Ungarn werden sollte, ging in

25

und bayerischen Armeen den
preußischen Streitkräften. Die Kaiserin besuchte die verwundeten
Krieger in den Spitälern. Im Frieden
von Prag wurde Österreich aus dem
Deutschen Bund ausgeschlossen.
Nachdem die Deutschlandpolitik
des Kaisers somit gescheitert war,
konzentrierte er seine Bemühungen
auf die Konsolidierung des gewaltigen österreichischen Imperiums. Er
bemühte sich um einen Ausgleich
mit den wichtigsten nationalistischen und nach Unabhängigkeit
strebenden Kräften in den diversen
Provinzen und nahm auch eine
grundsätzliche Neuregelung des
Verhältnisses zu Ungarn vor.

Erfüllung: Bald hieß das Kind »das ungarische Kind«, sicher auch aufgrund des Gerüchts, daß es sich um eine Tochter des der Kaiserin nahestehenden Andrássy handle. Als die Erzherzogin später davon erfuhr, war sie sehr traurig. Beim Tode Andrássys steht in ihrem ›Tagebuch‹ zu lesen: »Amélie [eine Cousine] erzählte mir ein Gespräch mit Mama, als diese nach meiner Hochzeit in Possi gewesen. Sie sprach von ihrem Verhältnis zu Andrássy und sagte ›Ja, das war eine treue Freundschaft, und sie war nie durch Liebe vergiftet‹.«

Marie Valérie fand überall Zuneigung: Die ungarische Nation betrachtete das »Gödöllöer Königsfräulein« als Geschenk des Himmels, und als Marie Valérie gerade drei Wochen alt war, da bat schon der israelitische Frauenverein in Wien darum, sie als Ehrenmitglied aufnehmen zu dürfen. Mit der sechs Wochen alten Tochter reiste Elisabeth nach Ischl, und am 9. August erlaubte ihr der Kaiser, zu ihrer Mutter nach Bayern zu

reisen. Die Kaiserin und ihr Kind nahmen in Schloß Garatshausen bei Possenhofen am Starnberger See Wohnung. Dieses Mal war Elisabeth entschlossen, ihr Kind ganz in eigener Obhut zu behalten und der kaiserlichen Großmutter in Wien jeden Einfluß zu verwehren. So erstaunt es kaum, daß Marie Valérie am Hof bald die »Einzige« genannt und das Lieblingskind der dreißigjährigen Kaiserin wurde.

12 Erzherzogin Marie Valérie. Gemälde von Franz Schrotzberg, 1870

Der Kaiser kehrt … nach Ungarn zurück, wo Sisi mit Valerie seit dem 3.3. ist. Schwer trennte ich mich von dem kleinen Wesen … denn ein lieblicheres, friedlicheres und so wohl thuend heiteres Kind giebt es wohl schwerlich sonst noch … auch hübsch … keines meiner Kinder und auch Gisela und Rudolph nicht in diesem so zarten Alter so anmuthig … Das sage ich aber nicht Sisi, die ohne dem in Liebe und Sorge zu diesem unwiderstehlichen kleinen Engel ganz versunken ist. Es ist ein schönes liebliches Bild, wenn die Beiden vereint sind. Einmal kam ich mit der Kleinen zu ihr, fand

13 Die kaiserlich-königliche Familie im Park des Schlosses Gödöllö. Lithographie von Vinzenz Katzler, 1871

Marie Valérie gedieh prächtig. Über die Fünfjährige urteilte ihre damals schon verheiratete Schwester Gisela im August 1873: »Valérie ist sehr lustig und würde mich gerade so wie sonst herum kommandieren, wenn ich parierte.«

In Gödöllö war die aus Siebenbürgen stammende Gräfin Kornis Valéries Erzieherin. Die Erziehung und Hofhaltung war ungarisch. Mit der »ungarischen Tochter« wurde nur ungarisch gesprochen. Jahre später bat Marie Valérie den Vater, mit ihm auch deutsch sprechen zu dürfen.

sie mit aufgelöstem Haar, das in dichten Wellen ihr schönes Gesicht und ihre Schultern und Hals umgab, und das schöne Kind auf ihren Knien vollendete den Zauber dieses Anblicks. – Sisi war ganz besonders freundlich und herzlich, nicht allein mit mir, aber mit der ganzen Familie, und freundlich und höflich für die höhere Gesellschaft und alle Menschen während der 2 Monate, die sie hier zubrachte. Du weisst, wie sie bezaubernd sein kann, wenn sie nur will.
Erzherzogin Sophie an ihre Schwester Ludovika in Bayern, Ende März 1869

Der Spielgefährte Rustimo

Elisabeth suchte immer wieder nach ausgefallenen Spielgefährten für ihre noch kleinen Töchter Sophie und Gisela. So setzte sie sich etwa in den Kopf, ein schwarzes Mädchen für sie zu finden. Zuerst erkundigte sie sich bei der Oberin des Ursulinerinnenklosters in Laibach, ob diese möglicherweise einige auf den Sklavenmärkten des Orients freigekaufte schwarze Mädchen im Kloster habe. Tatsächlich lebten dort drei solche Mädchen. Elisabeth ließ sie zu sich rufen, beschenkte sie mit Zuckerwerk, spielte mit ihnen und vergaß dabei alles um sich herum. Sie trug sich – zum Entsetzen des Hofes – mit dem Gedanken, eines dieser Mädchen mitzunehmen, unterließ dies aber dann doch.

Wohl aus purer Neugier bestellte Elisabeth auch einmal farbige siamesische Zwillinge zu sich, nur um sie anzustarren.

Schließlich ließ sie 1877 einen als besonders häßlich geltenden Schwarzen, der Rustimo gerufen wurde, als Spielgefährten für die kleine Valérie kaufen. Der extrem kleinwüchsige – er war nur 1,30 m groß –, etwa 20 Jahre alte Mann erhielt Unterricht im Schreiben und Lesen und erregte am ganzen Hof Abscheu. So beschrieb ihn die Gräfin Fürstenberg als groteskes Wesen: »Seine Augen quollen aus dem Kürbiskopf hervor und sein Mund erin-

14 Marie Valérie und ihr schwarzer
Spielgefährte Rustimo. Fotografie

nerte an ein Froschmaul.« Die neunjährige Prinzessin selbst fürchtete sich vor dem »schwarzen Teufel«, doch ihre Mutter bestand darauf, daß sie mit Rustimo spielte. Wenn sie ausfuhren, traute sich keines der Kinder, denen Marie Valérie üblicherweise Zuckerln gab, in die Nähe des »zähnefletschenden Ungethüms«.

Der kleine Mann sah sich jedoch nicht nur dem Staunen und Entsetzen seiner Umwelt, sondern auch diversen Quälereien ausgesetzt. Bei einem Aufenthalt in Feldafing wurde er von den Jungen aus dem Dorf beleidigt, was er mit wuchtigen Hieben mit der Pferdepeitsche quittierte. In Gödöllö ging es ihm nicht besser. Auf dem Weg zum Pfarrer, wo er ungarischen Unterricht nehmen mußte, lauerten ihm die Dorfjungen auf und »durchbläuten« ihn. Selbst die Anwesenheit seiner ›Herrin‹, der Erzherzogin Marie Valérie, stellte keinen Schutz für ihn dar. Um diese zu unterhalten, veranstaltete der Stallmeister einmal im oberen Park von Gödöllö ein Sacklaufen zwischen Rustimo und Pepi, einem Stallbuben, dessen Gesicht schwarz angemalt wurde. Da beide in Säcke eingenäht wurden, wußte Rustimo nicht, wer sein Konkurrent war; er dürfte sich aber sehr gewundert haben, als Pepi als »schwarzer Landsmann« aus dem Sack schlüpfte.

Um dem Vorwurf zu begegnen, die kleine Erzherzogin habe unchristlichen Umgang, ließ die Kaiserin den exotischen Spielgefährten ihrer Tochter in Valéries Salon taufen – auf den Namen ihres eigenen Sohnes, den sie zum Paten bestimmte.

Die Kaiserin verwöhnte den »herzigen Buben« zunächst, der zum Kammeransager mit den Bezügen eines Hofansagers ernannt wurde. Mit der Zeit stieg Rustimo seine Stellung zu Kopf, und er trat oft frech auf. Als sich die Klagen über ihn häuften, fiel er bei der Kaiserin in Ungnade, wurde 1890 pensioniert und starb im Jahr 1892.

Wie ihre Mutter liebte Marie Valérie Tiere, vor allem Pferde. Elisabeth hielt in der Hofburg nicht nur Hunde und Papageien, sondern auch einen Makaken, einen Affen, der ihrer kleinen Tochter als Spielgefährte dienen sollte. Der Hof atmete auf, als die »Affenleidenschaft« der Kaiserin zu Ende ging.

Marie Valérie: »Ich bin ja so stolz, eine Habsburgerin zu sein.«

Elisabeth ließ ihrer jüngsten Tochter eine ausgezeichnete Erziehung zuteil werden. Marie Valérie wuchs mehrsprachig auf und war mit 20 Jahren eine gebildete kunst- und feinsinnige Frau. Als sie ins heiratsfähige Alter kam, gab es zahlreiche Bewerber. Einige der Heiratskandidaten mußten sich von der Kaiserin in oft recht spöttischer Art ausfragen lassen. Doch Marie Valérie hatte sich längst entschieden: Auf dem Hofball im Januar 1886 hatte sie den jungen Erzherzog Franz Salvator kennengelernt, Sohn von Karl Salvator Erzherzog von Österreich-Toskana und Maria Immaculata Prinzessin beider Sizilien aus dem Hause Bourbon. Nachdem die Kaiserin ihrer Tochter gesagt hatte, daß sie selbst einen Rauchfangkehrer heiraten dürfe, wenn sie ihn liebe, hatte sie gegen den Erzherzog natürlich nichts einzuwenden.

Doch die Verlobungsabsicht Marie Valéries mit Franz Salvator führte zu Differenzen in der kaiserlichen Familie. Hatte der Kaiser vor allem wegen der nahen Verwandtschaft Bedenken, überschüttete Kronprinz Rudolf seine Mutter im Februar 1887 mit Vorwürfen ob des niedrigeren Standes des jungen Erzherzogs. Um zu verhindern, daß ihr Sohn die militärische Laufbahn Franz Salvators behindert, empfahl sie diesem, »in deutschen Diensten seine Fähigkeiten [zu] entwickeln«. Darauf notierte Marie Valérie einen Satz, der die für eine österreichische Kaisertochter ungewöhnliche, schwärmerische Deutschlandliebe zeigt: »Franz ein Deutscher – hiesse das nicht auch leider ein Preusse, so wären ja damit meine schönsten Träume erfüllt!« Welch ein Gegensatz zur betont österreichischen, antipreußischen Haltung ihres Bruders Rudolf.

Am 4. Dezember 1888 teilte die Kaiserin ihrem Sohn Rudolf die für den 24. Dezember geplante Verlobung Marie Valéries mit. Und Rudolf überwand seine Zweifel, wie Marie Valérie festhielt: »Armer Bruder, er hat doch auch ein warmes, liebebedürftiges Herz – denn er umschloß und küsste mich mit der ganzen Innigkeit wahrer Bruderliebe – und wieder und noch einmal zog er mich an sein Herz, und man fühlte, dass es ihm wohltat, dass ich ihm die Liebe zeigte, die so lange fast erstickt war vor Angst und Scheu. Mama bat ihn, immer gut für mich, für uns zu sein, wenn wir einmal von ihm abhängig sind, und er schwor und beteuerte es einfach und warm ... Ich fühle mich jetzt so voll Liebe für Rudolf und sehe klar, dass nur Stephanies [Rudolfs Gemahlin] Kälte und Mangel an Herz der Grund ist, dass Rudolfs schwa-

15 Verlobungsbild von Marie Valérie und Erzherzog Franz Salvator von Österreich-Toskana. Gemälde von Fröschl, 1888

cher, aber imgrunde warmer lieber Charakter verbittert wurde. Heute war er gewiß mit voller Aufrichtigkeit und aus ganzer Seele der Unsre – er sagte auch weder gegen Franz noch seine Familie ein höhnisches Wort.«

Entsprechend Marie Valéries Wunsch fand die Trauung am 29. Juli 1890 in Ischl statt, nachdem sie zuvor in Wien feierlich auf jeden Anspruch auf die Thronfolge verzichtet hatte. Unter dem Geläut aller Glocken betrat der

Bräutigam die Kirche, begleitet von seiner Schwester Karolina, dahinter die Kranzljungfern; dann die Braut, geführt von Erzherzog Albrecht und Erzherzog Franz Ferdinand Este, dem späteren Thronfolger. Es folgten das Kaiserpaar mit der verwitweten Kronprinzessin Stephanie sowie die Eltern des Bräutigams. An der Orgel saß Anton Bruckner und spielte die Kaiserfuge, die Variationen über die Volkshymne und schließlich das Halleluja von Händel. Auf Wunsch der Braut wurde »der Segen mit dem Allerheiligsten gegeben – denn eine heilige Messe hätte Mama zu lang gedauert.« Die Trauung vollzog der Linzer Bischof Franz Maria Doppelbauer gemeinsam mit dem Wiener Burgpfarrer Laurenz Mayer.

Zur Hochzeitsreise wurde das frisch vermählte Paar von einem über und über mit Alpenrosen und Vergißmeinnicht bekränzten Wagen abgeholt. Die Fahrt ging nach Offensee, wo alle Jäger vor dem mit Fahnen und Kränzen geschmückten Hause warteten. Zur großen Überraschung des jungen Paares war das Schlafzimmer völlig umgestaltet und in einen rosafarbenen Traum mit Himmelbett verwandelt worden. Auf der Kommode stand das Bild eines Storches, der ein Kind trägt. Marie Valérie hatte Franz gleich von ihrem großen Wunsch erzählt, Mutter zu werden.

Die Kaiserin hatte ihrer Tochter, ihrem »Alpenröslein«, zwölf »Rotznäschen« prophezeit, eine Voraussage, die nicht ganz eintreffen sollte: Marie Valérie wurde glückliche Mutter von zehn Kindern. Als sie ihr erstes Kind erwartete, besuchte Elisabeth sie öfters. Offenbar gab ihr der Zustand der Tochter Grund zur Sorge. So berichtet Marie Valérie, Elisabeth habe nach »den guten alten Zeiten [geseufzt], wo ich noch eine unschuldige Jungfrau war, wie Mama mit einer Art Galgenhumor hinzufügt – ja manchmal sagte sie in ihrer eigenen Art zu scherzen, es mache sie ganz ungeduldig, meine veränderte Gestalt zu sehen und sie ›schäme sich meiner‹.« In dieser Zeit wies die Mutter die Tochter auch stundenlang ohne Bitterkeit und in zur Ehe positiv gestimmten Gesprächen auf ihre Pflichten gegenüber ihrem Ehemann hin – angesichts einer früheren Aussage Sisis keine Selbstverständlichkeit: »Die Ehe ist eine widersinnige Einrichtung. Als 15jähriges Kind wird man verkauft und tut den Schwur, den man nicht versteht und dann 30 Jahre oder länger bereut und nicht mehr lösen kann.«

Marie Valéries Ehe wurde glücklich. Nach ihrem Wohnsitz auf Schloß Wallsee in Niederösterreich nannten die Bewohner der Gegend die sehr fromme Erzherzogin aufgrund ihrer Wohltätigkeit »Engel von Wallsee«. Als sie 1924 im Alter von nur 56 Jahren an Krebs starb, folgten 40 000 Menschen ihrem Sarg. Zum Tod ihrer 13 Jahre jüngeren Schwester äußerte sich Gisela gegenüber ihrer Münchner Schwägerin, Prinzessin Therese, in einem Brief: »Ich muß noch anfügen, dass ich Valérie am 11. Aug. bei vollem Bewusstsein antraf, ganz klar über ihren Zustand und so fromm ergeben, ja freudig ihrem Ende entgegensehend, dass eine unerwartete Genesung sie, glaube ich, enttäuscht hätte. Sie war ganz beruhigt, dass Gott für Mann und Kinder alles zum Besten fügen würde, dass sie sich darüber gar keine Sorgen machte. Man konnte sie nur beneiden.«

Die Schönheiten Eugénie und Elisabeth

Franz Xaver Winterhalter, Hofmaler in Paris und London und zu seiner Zeit einer der berühmtesten Maler, schwärmte im Jahr 1865 nach seiner Rückkehr aus Wien der französischen Kaiserin Eugénie von der damals auf dem Höhepunkt ihrer Schönheit stehenden Kaiserin Elisabeth von Österreich vor. Im Jahr davor war das berühmte Portrait Sisis im Staatskleid und großem Schmuck sowie Diamantsternen im Haar entstanden, das zusammen mit dem Portrait des Kaisers offiziellen Charakter besaß. Das Portrait mit den ›gelösten Haaren‹ hing im Arbeitszimmer des Kaisers in der Hofburg, sein Lieblingsbild mit den ›verschlungenen Haaren‹ stand auf einer Staffelei hinter seinem Schreibtisch. Die hochgesteckte Frisur auf dem wohl berühmtesten Winterhalter-Gemälde mit Diamantsternen bestand aus einer neunteiligen Krone, die in Höhe der Schläfen in einen dreiteiligen Zopf überging, wobei vom Hinterkopf Haare nachgefaßt wurden. Die Zöpfe wurden am Ende durch ein beidseitig eingeflochtenes schmales Samtband zusammengenommen und angehoben, um das Gewicht der Haare aufzufangen und der Frisur ihre schöne Wirkung zu geben.

Der Künstler war nicht nur von der voll erblühten Schönheit der sechsundzwanzigjährigen Kaiserin begeistert,

16 Kaiserin Elisabeth in Hofgala mit Diamantsternen im Haar. Gemälde von Franz Xaver Winterhalter, 1864

sondern erzählte in Paris auch von den interessanten Gesprächen, die er während der Sitzungen mit Elisabeth geführt hatte.

Eugénie, selbst eine schöne Erscheinung, wollte Elisabeth schon lange kennenlernen, vielleicht auch, um die Schönheit der österreichischen Kaiserin mit der eigenen zu vergleichen. So bat sie den Botschafter, in Wien zu sondieren, ob eine »persönliche und sehr respektvolle Annäherung von ihrer Seite« während Eugénies im folgenden Jahr geplanten Kuraufenthaltes in Kissingen genehm wäre. Doch Elisabeth verspürte keine Lust auf das Kennenlernen und sperrte sich dagegen.

Als im Sommer 1867 das französische Kaiserpaar zu einer Art »Sühnebesuch« in Salzburg weilte, weigerte sich Elisabeth, in Erscheinung zu treten, da sie sich nicht wohlfühlte und möglicherweise schwanger war. Doch der Kaiser bat sie eindringlich, ihn aus Gründen der Staatsraison nach Salzburg zu begleiten. Man hatte den ursprünglichen Plan, daß das österreichische Kaiserpaar einer Einladung Napoleons III. nach Paris Folge leisten sollte, aufgegeben, da im Juni Franz Josephs Bruder Ferdinand Maximilian in Mexiko erschossen worden war und Napoleon als derjenige galt, der ihn in das tragische Abenteuer gehetzt hatte. Die Salzburger Bevölkerung empfing den französischen Kaiser entsprechend kühl. Die beiden schönen Kaiserinnen erregten jedoch allgemeines Interesse. Und es kam zu einer großen Über-

17 Elisabeth im Frisiermantel. Kopie von E. Riegele (1923) nach dem Gemälde von Franz Xaver Winterhalter, 1864. Elisabeths Haar war ein wichtiger Teil ihrer Schönheit. Die Pflege des naturgewellten, hüftlangen Haars, wie auch das Frisieren, gerieten im Laufe der Jahre zur kultischen Handlung. Die ständig anwesende Theaterfriseuse Fanny Feifalik wurde eine enge Vertraute der Kaiserin. Zur Haarpflege – das Waschen und Trocknen dauerte Stunden – kam die tägliche, ebenfalls Stunden dauernde Körperpflege. (Die Schönheitsrezepte der Kaiserin wurden übrigens bereits in einem ganzen Buch gesammelt und

18   Die Erschießung Kaiser Maximilians. Gemälde von Edouard Manet, 1867. Nachdem der 1861 gewählte Präsident Benito Juárez die Zinszahlungen für die Auslandsschulden Mexikos einstellte, um die Wirtschaft seines Landes zu stabilisieren, nahmen dies die Gläubigermächte England, Spanien und Frankreich zum Anlaß für eine Strafexpedition. Die englischen und spanischen Truppen zogen sich schon bald zurück, doch Napoleon III. wollte die Gelegenheit nutzen, an der Südgrenze der mächtiger werdenden USA eine »lateinische Monarchie« zu installieren, und ließ Erzherzog Ferdinand Maximilian von Habsburg (*1832), dem jüngeren Bruder Franz Josephs I., die Kaiserkrone antragen. Obwohl es Maximilian nicht gelang, in Mexiko Fuß zu fassen, blieb er im Land, auch nachdem die französischen Truppen aufgrund eines Ultimatums der USA 1866 abgezogen waren. Nach monatelangen weiteren Kämpfen fiel er am 15. Mai 1867 durch Verrat in die Hände der Truppen Juárez'. Dieser ließ Maximilian von einem Kriegsgericht zum Tode verurteilen und am 19. Juni 1867 zusammen mit seinen Generälen Miramón und Mejia in Querétaro standrechtlich erschießen.

veröffentlicht.) Dazu kam die tägliche Gymnastik, Turnen, Fechten, Reiten und die ständige Überwachung ihres Gewichts. Elisabeth litt unter Eßstörungen und hatte im Alter sogar Hungerödeme. Ob dies alles wohl nötig war? Betrachtet man ihre Geschwister, so blieben bis auf eine Ausnahme alle sehr schlank; auch Elisabeths jüngste Tochter Marie Valérie war nach zehn Geburten noch rank und schlank. Und sie unterzog sich keinen Gewaltkuren.

raschung: Eugénie, die nicht aus fürstlichem Geblüt stammte, konnte es auch in den Augen der zutiefst monarchisch eingestellten Untertanen durchaus mit der angeborenen Würde und dem schönen Antlitz von Elisabeth aufnehmen. Als die beiden Kaiserinnen nebeneinanderstanden, sah man, daß Eugénie wesentlich kleiner war als Elisabeth. Die Salzburger reagierten recht konservativ und ablehnend auf die Kleidung Eugénies, die der neuesten Pariser Mode entsprach: Der kokett aufgeschürzte Rock zeigte ihre kleinen Füße.

Beide Kaiserpaare waren froh, als eine Reihe von Festen bei 24 Grad im Schatten vorüber waren. Umsonst hatten die Journalisten auf pikante Geschichten über die verschiedenen Zusammenkünfte zwischen den beiden Kaiserinnen gehofft. Elisabeth hatte für Eugénie nicht viel übrig, die ihrereseits offenbar unter ihrer geringen Herkunft litt. Doch letztlich zeigte sie viel Takt beim Umgang mit der weitaus schwierigeren Kaiserin Elisabeth.

Da der Salzburg-Besuch des Kaiserpaares erwidert werden mußte, die Kaiserin sich aber weigerte, nach Paris zu reisen, entschloß sich der Hof, bekanntzugeben, daß Elisabeth schwanger sei. Damit entschuldigte sich Elisabeth in einem Brief an Eugénie und betonte ausdrücklich, daß es ihr sehr leid tue. Ihrer Mutter Ludovika schrieb sie dagegen, daß sie es überhaupt nicht bedaure, nicht nach Paris zu reisen.

19 Eugénie, Kaiserin von Frankreich. Eugénie, am 5. Mai 1826 in Granada als Tochter des Grafen de Montijo geboren, heiratete 1853 Napoleon III., auf den sie auch politischen Einfluß nahm: Sie unterstützte das Papsttum gegen den entstehenden italienischen Nationalstaat, war die treibende Kraft hinter dem mexikanischen Abenteuer und gehörte 1870 mit zur Kriegspartei. Durch ihr politisches Engagement wie durch ihre prächtige Hofhaltung trug sie gleichermaßen zum Glanz wie auch zum Untergang des zweiten Kaiserreichs bei. Sie starb am 11. Juli 1920 in Madrid.

So reiste Franz Joseph Ende 1867 allein zur dortigen Weltausstellung, die ihn sehr begeisterte. Zur gleichen Zeit weilte auch der 81 Jahre alte Ludwig I. von Bayern, der 1848 hatte abdanken müssen, in Paris. »Die Kaiserin [Eugénie] fragt immerfort nach Dir«, schrieb Franz Joseph an seine Gemahlin. »Sie ist jetzt hauptsächlich damit beschäftigt, sich des Königs Ludwig zu erwehren, der seit drei Tagen hier ist und noch immer sehr zudringlich einen Kuß von ihr begehrt. Er ist übrigens kreuzfidel.« Obwohl sich der Kaiser in Paris bestens unterhielt, sehnte er sich nach seiner Frau: »Ich umarme Dich, mein herrliches, innigst geliebtes Weib, mit den Kindern und bleibe Dein Männeken« schrieb er nach Wien.

Das nächste Ereignis, bei dem sich die kaiserlichen Schönheiten treffen sollten, war die Eröffnung des Suezkanals am 16. November 1869. Kaiserin Eugénie vertrat dabei ihren Mann Napoleon III., und Elisabeth sollte Kaiser Franz Joseph nach Ägypten begleiten. Aus Furcht vor den zu erwartenden Feierlichkeiten reiste sie jedoch nicht mit – ein Entschluß, den sie später bedauerte. So reiste Franz Joseph über Konstantinopel, wo er Sultan Abdul Asis einen Besuch abstattete, nach Jerusalem. Am Jordan ließ er an der Stelle, an der Christus von Johannes getauft worden sein soll, eine Blechflasche mit Jordanwasser entnehmen und sandte sie seiner Frau. Dann setzte er seine Reise von Jaffa nach Suez fort. Der Kaiser und auch Andrássy sandten begeisterte Briefe nach Wien. Elisabeth selbst schrieb fast täglich lange Briefe an ihren Mann, mit dem, wie selbst ihrer Schwiegermutter auffiel, wieder eine zärtliche Beziehung bestand. In Suez erreichten Franz Joseph die ersten Briefe seiner Frau. Sie schrieb von ihrem neuen Hund Shadow und beneidete den Sultan um seine Pferde. »Aber noch lieber möchte ich einen Mohren. Vielleicht bringst Du mir doch einen als Überraschung mit, wofür ich Dich im voraus schon viel-

Dem französischen Konsul in Kairo, Ferdinand Lecomte de Lesseps (1805–1894), gelang es, den seit der Entdeckung des Seewegs nach Indien um das Kap der Guten Hoffnung 1498 erträumten Seeweg zwischen dem Mittelmeer und dem Roten Meer herzustellen. Von 1859–1869 leitete er die Arbeiten am Durchstich der Landenge von Suez, finanziert vor allem durch Kredite aus England und Frankreich. Der Kanalbau galt als Jahrhundertereignis und wurde unter Anwesenheit fast der gesamten politischen Prominenz Europas eingeweiht. Verdis speziell dafür komponierte Oper »Aida« konnte allerdings erst 1872 uraufgeführt werden.

mals küsse.« Sie fuhr ein wenig spitz fort: »Nun bist Du wohl glücklich vereinigt mit Deiner geliebten Kaiserin Eugénie. Ich bin auch sehr eifersüchtig bei dem Gedanken, daß Du ihr jetzt eben den Charmanten spielst, während ich allein hier sitze und mich nicht einmal rächen kann … Ich bin auch fauler denn je, und schon der Gedanke, mich rühren zu müssen, ist mir furchtbar. Aber nach Konstantinopel möchte ich doch.« Der Kaiser versicherte Elisabeth, daß zur Eifersucht kein Grund vorliege, denn Eugénie sei schon etwas verblüht und eher stark geworden. Doch immerhin erschien er zum Riesenball im Palast des Khediven mit der Kaiserin Eugénie am Arm, die ein prächtiges hellrotes Kleid trug und mit einem Diadem geschmückt war. Da einige tausend Menschen geladen waren, herrschte ein unbeschreibliches Gedränge, und der Beginn des Soupers mit seinen 30 Gängen verzögerte sich immer wieder. Franz Joseph schrieb seiner Frau: »Uns alle erfüllte nur der Gedanke: ›Außi möcht' ich – die Kaiserin und ich, wir wandten alle Mittel an, um den Beginn des Soupers zu beschleunigen, das sich als großartig erwies.‹«

Eines Tages verfiel Elisabeth auf die Idee, ein »Schönheitenalbum« anzulegen. Die österreichischen Botschafter sollten aus den jeweiligen Ländern Fotografien der schönen edlen Damen an das Außenministerium senden. Aus Frankreich erhoffte sie sich die Konterfeis von Damen aus dem Umkreis von Kaiserin Eugénie. Statt dessen erhielt sie freizügige Fotos von Tänzerinnen, Zirkusreiterinnen usw. Für diesen Fehlschlag machte Sisi ihre »Intimfeindin«, Fürstin Pauline Metternich, Frau des damaligen österreichischen Botschafters in Paris und Enkelin des Staatskanzlers, verantwortlich – ob zu Recht, läßt sich heute nicht mehr belegen. Diese verband eine sehr enge Freundschaft mit der französischen Kaiserin. Elisabeths Abneigung gegen die Fürstin, die wegen ihres flotten Mund-

Die Prinzessinnen von Geblüt kennen die Welt und das Leben nicht so wie Eugénie, sie bleiben hybride Wesen, die sich und die anderen genieren und sich nicht recht am Platze fühlen … Ich spreche von den heutigen Prinzessinnen, denn früher gab es viele, die unvergleichlich gut plaudern konnten – ich denke nur an Erzherzogin Sophie! Das hat sich leider gründlich geändert.

Fürstin Pauline von Metternich

werks auch »Mauline« genannt wurde, war kaum noch zu steigern.

In das stille Landleben von Ischl platzte im Juni 1870 die Kunde vom unmittelbar bevorstehenden Krieg zwischen Preußen und Frankreich. Deshalb mußte Elisabeth den Plan, ihre Familie in Bayern zu besuchen, zurückstellen. Um nicht den Sommer allein mit ihrer Schwiegermutter in Ischl verbringen zu müssen, zog sie mit ihrer Tochter Marie Valérie nach Neuberg an der Schneealpe. Der Krieg kam, und am 1. September kapitulierte Sedan. Napoleon III. wurde gefangengenommen und auf Schloß Wilhelmshöhe bei Kassel gefangengehalten. Nach seiner Entlassung am 9. März 1871 ging er nach Chislehurst in England, wo er im Januar 1873 starb. Am 4. September 1871 wurde in Paris die Republik ausgerufen, und Eugénie mußte Hals über Kopf Frankreich in abenteuerlicher Flucht verlassen.

Über ein Jahrzehnt später sollte es noch zu einigen Treffen zwischen den einst »schönsten Frauen Europas« kommen. Nach einem Besuch des Kaiserpaares bei der Großherzogin von Sachsen in der Deutschen Botschaft in Wien im November 1893 reiste Elisabeth über Algier und Madeira nach Cap Martin an der Côte d'Azur, wo sie im März 1894 mit ihrem Mann zusammentraf. Dort wohnte das Kaiserpaar in einem Haus, in dem bereits Elisabeths Bruder Karl Theodor mit Frau und Tochter und auch die verwitwete Eugénie abgestiegen waren. Während Eugénie mit zunehmendem Alter etwas Gewicht ansetzte, konzentrierte sich Elisabeth auf ihren Kampf gegen die Pfunde – in einem Maße, das durch ihr Gewicht, das zwischen 46 und 50 Kilogramm schwankte, kaum gerechtfertigt scheint. So entsetzte sich Franz Joseph, als er hörte, daß seine Frau oft statt einer Mahlzeit nur ein »Veilchengefrorenes mit Orangen« verzehrte. Da sie ihrem Aussehen ihr

Die Nachricht von der Republik hat mich nicht sehr überrascht, ich wundere mich nur, daß sie es nicht längst taten. Bis Du kommst, hoffe ich, erzählst Du mir Details über die Flucht der Kaiserin, das interessiert mich sehr.

An Franz Joseph, 6. September 1870

Leben lang größte Bedeutung zumaß, schaltete sie immer wieder Milch- und Orangentage ein. Täglich wurde nach dem Frühturnen die Waage befragt und je nach Gewicht das Essen für den Tag ausgewählt.

Am 15. April kehrte Franz Joseph wieder nach Wien zurück, während Elisabeth in Cap Martin blieb und sich immer wieder mit Eugénie traf, die noch immer um ihren Gemahl und ihren gefallenen Sohn trauerte.

Auch im folgenden Jahr besuchte Elisabeth die einstige Kaiserin Eugénie in ihrer Villa, die in Erinnerung an Korsika den Namen »Cyros« trug. Die Damen verabredeten sich zu gemeinsamen Unternehmungen. Eugénie wunderte sich häufig über Elisabeth: »Es war, als ob man mit einem Gespenst zusammen fuhr, denn ihr Geist schien in einer anderen Welt zu weilen. Selten sah sie, was um sie herum vorging, auch bemerkte sie es kaum, wenn sie von denen, die sie erkannten, gegrüßt wurde. Tat sie es, so erwiderte sie den Gruß mit einem eigenartigen Zurückwerfen des Kopfes anstatt mit der üblichen Verbeugung.«

In ihren Aufzeichnungen berichtete Marie Valérie von einem Besuch der »alten Kaiserin Eugénie bei Papa, nur von einem Herrn und einer Dame begleitet, vom 11.–14.7.1904. Die alte Kaiserin hat mein ganzes Herz gewonnen. Das nenne ich echte Würde, wenn man allen Erdenglanz, allen Wunsch, von sich reden zu machen, mit solcher Einfachheit niederzulegen verstand, still und zurückgezogen lebt … grande dame im besten, so selten verwirklichten Sinn … Mit grosser Liebe und Verehrung sprach sie von Mama, der sie ja die letzten Jahre

wiederholt in Cap Martin begegnet war und in der sie eine verwandte Seele finden musste. Sie erzählte mir die Äußerung, die Mama den Tag vor ihrem Tode jener Baronin Julie Rothschild gemacht, die sie bei Genf besuchte und die wie es scheint, mit Kaiserin Eugénie gut bekannt ist. Sie sprach mir ihr vom Tode und sagte genau dasselbe, was sie vor Jahren mir gesagt: ihren Wunsch, die Seele möchte wie durch ein kleines Loch dem Körper und all dessen Elend entfliehen können. Sie soll es sogar genau bezeichnet haben ›Que l'âme puisse s'envoler par un tout petit trou du cœur.‹ Vierundzwanzig Stunden später war dieser Wunsch wörtlich erfüllt.«

◄ 20 Kaiserin Elisabeth (links) und die ehemalige Kaiserin Eugénie (rechts) auf einem Spaziergang in Menton 1895. Fotografie

Königsvetter Ludwig II., der Märchenkönig

Elisabeth und Ludwig II., ihr Vetter zweiten Grades, hatten vieles gemeinsam. Beide galten den Zeitgenossen als betörende Schönheiten, beide lebten ein exzentrisches Leben und beide waren menschenscheu. So ließ sich Ludwig bei Banketten gern riesige Blumengestecke aufstellen, um sich dahinter verbergen zu können, und wenn er seiner Leidenschaft, dem Opern- und Theaterbesuch frönte, tat er das immer öfter bei Separatvorstellungen. Elisabeth ihrerseits saß im Theater am liebsten versteckt auf einem »Bankerl« und verbarg ansonsten ihr Gesicht hinter einem Fächer. Auch die grundlegende Abneigung gegen ihre Repräsentationspflichten verband sie. Und beide liebten sie Pferde – auch wenn Ludwig Jagden haßte.

Es gibt zudem erstaunliche Parallelen im Verhältnis der beiden zur Kunst: Verehrte die Kaiserin »ihren« Poeten Heinrich Heine geradezu abgöttisch und dichtete nach seinem Vorbild, hielt der König trotz aller Widerstände am Hof an seiner Freundschaft zu Richard Wagner fest. Schließlich liegt auch in der Extremität ihrer ›Fluchtburgen‹ eine gewisse Ähnlich-

keit: Während Ludwig seine Märchenschlösser bauen ließ, in denen er sich der Realität zu entziehen hoffte, entfloh Elisabeth in die griechische Antike – nach Troja, zu ihrem geliebten Achill.

43

21 Das berühmteste der Märchenschlösser Ludwigs II.: das erst nach seinem Tod vollendete Neuschwanstein in der Nähe von Füssen

Obwohl Elisabeth Ludwig von Bayern stets ihren »Königs-vetter« nannte, waren die beiden nicht ganz so nahe verwandt: Er war ihr Vetter zweiten Grades. Elisabeth war acht Jahre älter als Ludwig, der also gerade acht Jahre alt war, als sie Kaiserin von Österreich wurde. Erst als Ludwig nach dem frühen Tod seines Vaters Maximilian II. am 10. März 1864 den bayerischen Königsthron bestieg, bahnten sich engere Verbindungen zwischen dem Achtzehnjährigen und der sechsundzwanzig-jährigen Elisabeth an. Zu einem ersten längeren Kontakt kam es noch im Sommer desselben Jahres in Kissingen. Ludwig, der sich beinahe einen Monat dort aufhielt, unternahm lange Spaziergänge mit Elisabeth und sprach so vertraut mit ihr, daß Sisi ganz »beglückt über Gleichgestimmtheit, von vielen gemeinsamen Stunden« berichtete.

Da sich die Kaiserin fast jeden Sommer einige Zeit am Starnberger See aufhielt, sei es in Possenhofen, Garatshausen oder im Hotel Strauch in Feldafing, kam es auch dort zu engeren Kontakten mit dem König. Manchmal fühlte sie sich allerdings eher von ihm belästigt. So schrieb sie 1865 ihrem kleinen Sohn nach Wien: »Gestern hat mir der König eine lange Visite gemacht, und wäre nicht endlich Großmama dazugekommen, so wäre er noch da. Er ist ganz versöhnt, ich war sehr artig, er hat mir die Hand so viel geküßt, dass Tante Sophie, die durch die Türe schaute, mich nachher fragte, ob ich sie noch habe. Er war wieder in österreichischer Uniform und ganz mit Chypre parfümiert.«

44

22 **Ludwig II. von Bayern** (Fotografie, um 1870), geboren am 25. August 1845 in Schloß Nymphenburg als ältester Sohn Maximilians II. Joseph (1811–1864, seit 1848 König von Bayern) und dessen Gemahlin Marie von Preußen (1825–1889), bestieg nach dem Tod seines Vaters am 10. März 1864 den bayerischen Thron. Am preußisch-öster-reichischen Krieg 1866 unterlag er auf Seiten Österreichs in der Schlacht von Königgrätz. Von dieser Schwächung erholte sich Bayern nicht mehr. Ludwig II., der dem Absolutismus Ludwigs XIV. von Frankreich nacheiferte, verlor nach der Kaiserproklamation Wilhelms I. 1871, die er selbst in einem von Bismarck formulierten Schreiben

Der Kontakt zwischen Ludwig und Elisabeth hatte allerdings auch einen politischen Hintergrund: Im Januar 1867 ver-
lobte sich Ludwig II. mit Elisabeths Schwester, Herzogin Sophie. Elisabeth eilte von Österreich herbei. Im Juli des gleichen Jahres begleitete sie der König auf ihrer Rückreise nach
Wien ein Stück in der Eisenbahn. In dem nachfolgenden Brief
betete er Elisabeth förmlich an: Er habe mit ihr die glücklich-
sten Stunden seines Lebens zugebracht und das Gefühl seiner
aufrichtigsten Liebe und Verehrung »wird nur mit dem Tode
verlöschen«. Im krassen Gegensatz dazu steht Ludwigs Verhältnis zu seiner Braut: Ihr gegenüber empfand er nicht nur
keine Liebe, sondern er entlobte sich bereits im Oktober wieder – politisch gesehen ein gewaltiger Fauxpas. Entsprechend
schockiert war Elisabeth, die ihrer Mutter schrieb: »Wie sehr
ich über den König empört bin und der Kaiser auch, kannst
Du Dir vorstellen. Es gibt keinen Ausdruck für ein solches Benehmen. Ich begreife nur nicht, wie er sich wieder sehen lassen kann in München, nach allem was vorgefallen ist. Ich bin
nur froh, daß Sophie es so nimmt, glücklich hätte sie weiß
Gott mit so einem Mann nicht werden können.«

Doch so groß die Verstimmung in Wien und München auch
sein mochte, man brauchte den bayerischen König, der die
engste Verbindung in das sich langsam konsolidierende Deutsche Reich darstellte. So kam es weiterhin immer wieder zu
Begegnungen. Eine sie besonders beeindruckende beschrieb die
dreizehnjährige Marie Valérie in ihrem Tagebuch: Als sie 1881
wieder einmal mit ihrer Mutter in Possenhofen zu Besuch
war, kündigte sich der König für den 18. Juni abends zu einem Besuch bei der Kaiserin an. Er hatte vorab schon ein rie-
siges prachtvolles Bouquet gesandt und ausdrücklich um einen
Abendbesuch gebeten, damit ihn niemand sähe. Doch Marie
Valérie war wild entschlossen, sich dieses Zusammentreffen

anregte, das Interesse an der Tages-
politik und zog sich weitestgehend aus
den Regierungsgeschäften zurück.
Seine Bauwut (die Schlösser Herren-
chiemsee, Neuschwanstein, Linder-
hof) war sehr kostspielig. 1886 weigerte sich die Regierung, ihm weitere
Gelder zur Verfügung zu stellen.
Ludwig wurde am 9. Juni 1886 kurzer-
hand entmündigt und am 12. Juni
nach Berg überstellt. Am 13. Juni
ertrank er mit seinem Leibarzt Bern-
hard von Gudden unter mysteriösen
Umständen im Starnberger See. Sein
Nachfolger wurde sein geisteskranker
Bruder Otto, für den Prinzregent
Luitpold die Regentschaft übernahm.

45

nicht entgehen zu lassen. »Alle in Possenhofen weilenden Kinder standen hinter einem Fenster und warteten. ... Mama sagte, sie werde Jasmin holen, weil damit und mit dem König eine lange Geschichte verbunden ist.« Doch als der König mit Riesenschritten kam, war die Kaiserin nicht da. Der König begann, sie im Schloß zu suchen, und die Kinder rannten vor ihm davon. Als die Kaiserin schließlich doch auftauchte, rief sie Valérie, um sie dem König vorzustellen. Zitternd nahm diese das Jasminsträußchen in die Hand, und dann »sollte die große Wahrheit wirklich geschehen. Und ich hatte nicht einmal Zeit meine Handschuhe anzuziehen und mein Kleid war so schmutzig und zerknittert. Doch ich kam heraus ... und gab ihm den Jasmin mit einem tiefen, tiefen Kompliment!« Dann fährt sie wenig charmant fort: »O! Dicker König nun hast Du den Jasmin wirklich von mir!!! ... Er wollte mir die Hand küssen o! Er fragte mich, ob Nazi in Prag sei und ich sagte: ›J ... a!‹ Er fragte mich, ob Gisela hier sei, und ich sagte ›Nein sie ist in München‹ ... Er spricht sehr schnell und undeutlich und genierte sich ebenso wie ich. Mama lud uns ein, uns Du zu sagen und er sagte ›aber dann gegenseitig, nicht wahr‹ Und dann machte ich wieder ein compliment und gieng.«

Elf Tage später kam der König erneut nach Possenhofen, um von Elisabeth Abschied zu nehmen. Marie Valérie wurde ebenfalls ins Zimmer neben dem Gartensalon gerufen. »Er sprach ziemlich mit mir aber o!!! als ihn Mama fragte, ob er wolle dass ich weg gehe ... sagte er ›Hm ... ja eigentlich schon. O! wie unartig!!!«

Trotz der Verärgerung der Kaiserin über die Entlobung des Königs von ihrer Schwester Sophie ist durchaus zu erkennen, daß sie ihre »Einzige« nicht ungern als spätere Königin von Bayern gesehen hätte. Vom September 1880 ist ein Brief der Königin-Mutter Marie von Bayern an Ludwig II. erhalten, in

Gruss von der Nordsee
Adler, dort hoch auf den Bergen,
Dir schickt die Möve der See
Einen Gruss von schäumenden
    Wogen
Hinauf zum ewigen Schnee.
Elisabeth an Ludwig II., 20. Juni 1885

dem steht: »Also Sisi schickte Dir ein Bild von Valérie. Du willst aber noch nichts von ihr hören!! Das kann ich mir denken.«

Elisabeth ließ es sich nicht nehmen, immer wieder Marie Valérie zu einem Treffen mit ihrem »Königsvetter« Ludwig mitzunehmen. Im Grunde ging ihm die übertrieben zur Schau gestellte Mutterliebe der Kaiserin auf die Nerven. »Ich weiß gar nicht, was die Kaiserin mir fortwährend von ihrer Valérie erzählte, die möchte mich gerne sehen, ich sie aber nicht«, nörgelte er.

Am Nachmittag des 20. Juni 1885 unternahm die Kaiserin mit der siebzehnjährigen Marie Valérie, der neunundzwanzigjährigen Gisela und ihrem Neffen Manni (Albert von Thurn und Taxis) einen Ausflug auf die Roseninsel im Starnberger See, wo ein kleines Refugium des Königs stand. Dieser war allerdings nicht anwesend. »Mama schrieb eines ihrer Gedichte nieder, versiegelte es an den König und liess es dann in einem der Zimmer liegen. Was wird der König sagen?« notierte Marie Valérie. Der König erwiderte den Gruß im September 1885 mit der »Antwort von den Alpen«.

Als der »Königsvetter« am 13. Juni 1886 auf eine bis heute nicht geklärte Art zusammen mit seinem Arzt Dr. von Gudden im Starnberger See ertrank, weilten die Kaiserin und Marie Valérie im Hotel Strauch in Feldafing. Gisela überbrachte mit »versteinertem« Gesicht die Todesnachricht. Marie Valérie berichtete: »Mama … ist von Mitleid und Erinnerungen an schöne Stunden erfüllt und ganz verstört vor Kummer … Vielleicht hat Mama Unrecht zu sagen, der König war kein Narr, nur ein in [anderen] Ideenwelten lebender Sonderling … Als ich abends zum Beten bei Mama war, warf sie sich allerlängst auf den Boden – ich schrie laut auf, denn ich dachte, sie hätte etwas gesehen und klammerte mich in solcher Angst an sie, dass wir schliesslich lachen mussten. Mama sagte, sie

Antwort von den Alpen
Der Möwe Gruss vom fernen
   Strand
Zu Adlers Horst den Weg wohl
   fand,
Er trug auf leisem Fittigschwung
Der alten Zeit Erinnerung.
Ludwig an Elisabeth, September 1885

23 Ludwig II. auf dem Totenbett mit einem Jasminstrauß von Elisabeth. Kolorierte Fotografie

wolle nur in Reue und Demut für ihre rebellischen Gedanken Gott um Verzeihung bitten …, in Demut sagen: Jehova, du bist groß, Du bist der Gott der Rache, der Gnade, der Weisheit.« Doch die Tochter meinte, die Mutter müßte hinzufügen: »Du bist der Gott der Gerechtigkeit, der Güte und Liebe … Könnte Mama das so recht empfinden, ich glaube, sie fände in dieser Kindlichkeit und Hingebung Ruhe und Frieden.« Als letzten Gruß sandte die Kaiserin ein Jasminsträußchen zum König, mit dem er dann auch begraben wurde.

Am 21. Juni ließ die Kaiserin in Feldafing in der Dorfkirche ein feierliches Amt für den verstorbenen König halten, dann fuhr sie nach München, um in der Wittelsbacher Gruft der

Ja, ich war ein Märchenkönig,
Sass auf hohem Felsenthrone,
Schlanke Lilie war mein Scepter,
Funkelnd' Sterne meine Krone
Sommer 1886

Michaelskirche einen Kranz an den Sarg des Königs zu legen. »Mama sagte: ›besser sei es dem König, dort bei seinen Vätern zu ruhen, als so fortzuleben, wie er es unter dem Luitpoldischen Regiment gemusst hätte.‹«

Der Tod des Königsvetters griff Elisabeth so an, daß sie zur Kur nach Gastein fuhr, wo sie allerdings nur vier Tage blieb: Der kaiserliche Leibarzt Dr. Widerhofer verbot ihr in ihrem Zustand eine Kur. Wieder bei ihrer Familie in Ischl schrieb sie ein 43 Strophen umfassendes Gedicht, in dem sie symbolisch auch den König zu Wort kommen ließ. Wie viele ihrer Zeitgenossen glaubte die Kaiserin fest, daß Prinzregent Luitpold, der Onkel König Ludwigs, an dessen Tod zumindest mitschuldig sei. Nach den traurigen Ereignissen drohte die Kaiserin damit, nie mehr nach Bayern zu kommen, ein Vorsatz, den sie nicht wahrmachte – ihr Heimweh war wohl stärker.

Viele Jahre später, am 13. März 1902, kam Marie Valérie bei einem feierlichen Diner im Fürstenhaus Thurn und Taxis mit Graf Dürckheim, dem ehemaligen Adjutanten Ludwigs II., ins Gespräch: 1886 war er bei der Absetzung des Königs dabeigewesen. Er bestätigte, daß die Kaiserin damals ihren Königsvetter sprechen wollte, doch es war ihr davon abgeraten worden. Die Frage bleibt offen, ob sie durch ihr Erscheinen den Ablauf des Geschehens hätte ändern können.

Der Prinzregent.
Seht den heuchlerischen Alten!
Drückt ihn sein Gewissen nicht?
Thut so fromm die Hände falten,
Sauersüss ist sein Gesicht.

...

Seinen Neffen, seinen König
Stiess er tückisch von dem Thron;
Doch dies ist ihm noch zu wenig,
Säh' sich dort gern selber schon.

Könnt ihr auch noch dies ertragen
Bayerns Volk, dann seid ihr's
    wert,
Dass, am Pranger angeschlagen,
Ihr in Ewigkeit entehrt!

Eh' sie ihn zum König salben,
Stürzt mit donnerndem Gekrach
Wenigstens ihr, stolze Alpen,
Tötend über Bayerns Schmach!
22. Mai 1887

In der Nacht des 13. Juni 1888
Ludwig, Ludwig, Königsvetter!
Ludwig, es ist Mitternacht,
Dunkel droht im West ein Wetter,
Doch noch strahlt der Venus Pracht.

Ludwig, sind es nicht zwei Jahre,
Dass Du kalt und todesbleich
Ruhest auf der schwarzen Bahre,
Und verwaiset steht Dein Reich?

Weinend zieh'n des Sees Fluten
An das Ufer heut heran,
Und des Sees Tiefen bluten,
Wie die Todesstunden nah'n.

Schwere schwüle Düfte treiben
Aus der dunklen Königsgruft,
Rosen und Jasmin betäuben
Wehmutsvoll die nächt'ge Luft.

Rosen und Jasmin bekränzen
Deinen dunklen Sarkophag,
Blumen, die in Thränen glänzen,
Heut an Deinem Todestag.

Dunkel ist die Kirche oben.
Doch es wacht St. Michael.
Rache scheint er zu geloben,
Und sein Schwert, schon lodert's hell.

Die Kaiserin auf Reisen

Die Unstetigkeit und Unruhe Elisabeths ist wohl das charakteristischste Merkmal ihres Lebens. Insbesondere in der Reichshauptstadt Wien sah die Bevölkerung das mit Unwillen. »Sie war eine hinreißend schöne Frau, aber halt leider nie da« war in Wien ein ebenso geflügeltes Wort wie das knappe »Die Kaiserin, die Reiserin«.

Die ersten Reisen des neuvermählten Kaiserpaares hatten noch rein politischen Charakter. Insbesondere die Reisen 1854 in die Kronländer Böhmen und Mähren sowie 1856 nach Italien führten in Provinzen, in denen es gärte und in denen es galt, den Herrschaftsanspruch des habsburgischen Kaiserhauses zu dokumentieren und den nationalistischen, auf Unabhängigkeit zielenden Bewegungen eine Absage zu erteilen. Daß diese Reisen nicht im Fiasko endeten, galt als Verdienst der jungen, allseits beliebten Kaiserin, die es verstand, durch ihre natürliche Art und ihren Liebreiz die latenten Spannungen zu überwinden. Daß es in Italien dennoch drei Jahre später zum Krieg kam, schmälert ihre Leistung in keiner Weise.

Die in München und Possenhofen sehr frei erzogene Sisi litt unter dem starren Hofzeremoniell in Wien, den andauernden Streitereien mit ihrer Schwiegermutter Erzherzogin Sophie um die Erziehung der Kinder und den langen Abwesenheiten ihres Gemahls sowie den fundierten Gerüchten um seine Untreue. »Die Welt ist herrlich, wenn man die Menschen meidet«, schrieb Sisi und setzte es auch in die Tat um: 1860 floh

24 Die damals außerhalb Funchals gelegene Quinta (= Landgut) Vigia auf Madeira, in der Elisabeth von Ende November 1860 bis Ende April 1861 wohnte. Seit 1973 befindet sich an dieser Stelle ein Casino. Zeitungsillustration mit einer Ansicht aus der Zeit, als Elisabeth hier wohnte

sie von Wien nach Madeira. Es ist ein normales menschliches Bedürfnis, unbequemen Situationen aus dem Weg zu gehen, und in ihren Reisen fand sie Erfüllung: Sie reiste aus Interesse für fremde Länder und fremde Sitten – allerdings auch aus Trotz, wenn ihr Umgebung und Umstände nicht behagten.

Reisen in Österreich und Deutschland

Das beliebteste Reiseziel in Österreich war für die ganze kaiserliche Familie der Sommersitz in Ischl, »die Kaiservilla – der Himmel auf Erden«. Die meisten Reisen in Deutschland führten die Kaiserin in Begleitung ihrer jüngsten Tochter Marie Valérie an den Starnberger See, vor allem nach Schloß Possenhofen. Insgesamt 24 Sommer verbrachte sie zwischen drei und vier Wochen in Feldafing im »Hotel Strauch«, heute das Hotel »Kaiserin Elisabeth«.

Die Reisen der Kaiserin waren mit einem erheblichen Kostenaufwand verbunden. Ihr stand ein eleganter Extrazug zur Verfügung, und ihr Personal vom Küchenchef bis zum Stallburschen konnte bis zu 70 Personen umfassen. Dazu kam noch das offizielle Gefolge für die Kaiserin bzw. das für ihre mitreisenden Kinder. Häufig wurden auch bis zu 18 Pferde und mehrere Equipagen mitgeführt.

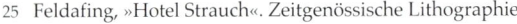

25 Feldafing, »Hotel Strauch«. Zeitgenössische Lithographie

Von Kurort zu Kurort

Auf Anraten ihrer Ärzte reise die Kaiserin im Jahre 1870 in Begleitung ihrer Töchter Gisela und Marie Valérie nach Meran, um dort den Winter zu verbringen. Als Residenz diente das sagenumwobene, durch den Grafen Trauttmannsdorff nach alten Plänen aus verfallenen Ruinen neu

26 Badezimmer in Schloß Trauttmannsdorff in Meran. Nur dieses Zimmer befindet sich heute noch in dem Zustand wie zur Zeit, als Kaiserin Elisabeth sich dort aufhielt.

erbaute Schloß Trauttmannsdorff. Um bei ihrer Ankunft im Oktober möglichst unerkannt zu bleiben, vermied die Kaiserin, sechsspännig aufzufahren, und blieb im Zweispänner mit Marie Valérie, während im nächsten Wagen Gisela und die Schwester der Kaiserin, Helene von Thurn und Taxis, saßen, denen zahlreiche weitere Kutschen mit der kaiserlichen Entourage folgten.

Die Kaiserin zeigte sich hier überhaupt nicht menschenscheu und hielt sich fast täglich mit ihren Töchtern in den Kuranlagen auf, wo sie auch mit ihrer jüngeren Schwester Sophie, Herzogin von Alençon, zusammentraf. Zum Namenstag der Kaiserin am 19. November fand ein großer Schützenfestzug mit einem Freischießen statt, bei dem Elisabeth und Gisela sich ebenfalls zeigten. An Weihnachten, als auch der Kaiser und der Kronprinz nach Meran kamen, war die Familie sogar vollzählig.

Im Herbst des folgenden Jahres zog es Elisabeth mit ihrer vierjährigen Tochter Marie Valérie wieder nach Meran. Diesmal wohnten sie bis Mai 1872 – von kurzen Unterbrechungen

Meran ist ein in Südtirol gelegener Kurort. 857 erstmals erwähnt, erhielt er 1305 Stadtrecht und war bis 1420 Hauptstadt Tirols. Seit 1919 gehört Meran zu Italien. Besonders berühmt ist der Ort für seine Thermal- und Traubenkuren – letztere waren der Grund für Elisabeths letzten Aufenthalt dort 1897.

abgesehen – im Schloß Rottenstein. Ihren Lieblingshund an der Leine führend, sah man die Monarchin in Begleitung der Tochter oft auf Spaziergängen, wobei sie den Menschen aus dem Volk durchaus aufgeschlossen begegnete.

Im Jahr 1889, acht Monate nach dem tragischen Tod ihres Sohnes, kam die Kaiserin im September erneut mit Marie Valérie nach Meran. Der eigentlich länger geplante Aufenthalt fand durch eine Hochwasserkatastrophe am 29. Oktober 1889 ein jähes Ende. Die Kaiserin reiste nach Schloß Miramar bei Triest und bis Korfu weiter, während Marie Valérie nach Budapest gebracht wurde.

Baden-Baden, Heidelberg und Amsterdam
Im Frühjahr 1883 verbrachte die damals fünfundvierzigjährige Kaiserin zusammen mit der fünfzehnjährigen Marie Valérie mehrere Wochen in Baden-Baden. In ihrem ›Heidelberger Tagebuch‹ hielt die junge Erzherzogin über einen Ausflug nach Heidelberg fest: »Wir gingen dann hinunter in die Restauration neben dem Schloß und speisten dort in einem langen Zimmer kreuzfidel. Dann ging es zu den Ruinen. Man sagte: ›O, wie schade wie schade, alles zerstört zu sehen‹! Ich bin sehr froh darüber, denn diese guterhaltenen Ruinen sind doch tausendmal interessanter als ein noch ganz stehendes Schloß, das keine Gedanken an eine Erinnerung erwecken kann.«

Ein Jahr später verbrachten die Kaiserin und ihre Tochter mehrere Wochen in Heidelberg. Von hier aus unternahmen sie einen Abstecher nach Worms, besichtigten den Dom, die Synagoge, die Liebfrauenkirche und das Lutherdenkmal. Ein Ausflug nach Heilbronn stand ebenso auf dem Besichtigungsprogramm wie der Besuch der Burg Rheinstein. Von Rüdesheim aus fuhr man mit dem Schiff zur herrlich gelegenen Burg, von dort aus fand die Überfahrt nach Assmannshausen

Die untergehende Sonne
Küßt scheidend des Neckars Flut,
Sie leiht den silbernen Wogen
Ihre ganze goldene Glut.
Schon ist es dunkel geworden,
Die Wellen leuchten allein
Und ziehen träumend hinunter
Zum mächtigen Vater Rhein.

Marie Valérie über Heidelberg, Mai 1884

27 Das Heidelberger Schloß, erbaut 1225 als Residenz des Kurfürsten der Pfalz

statt. Im Hotel »Zur Krone« wurde ein Frühstück eingenommen, dann ging es zu Fuß zum Niederwalddenkmal. Da die Kaiserin unter sehr starken Ischiasschmerzen litt, verließ sie Heidelberg und fuhr zu dem berühmten Arzt Johann Georg Mezger nach Amsterdam; einige Tage später wurde Marie Valérie mit dem Hofzug nach Amsterdam abgeholt.

Sie logierten im »Doelen Hotel«; dort standen ihnen und dem Hofstaat 40 Zimmer zur Verfügung. Marie Valérie berichtet von einem ausgedehnten Besichtigungsprogramm, vom Besuch einer Diamantenschleiferei und einer protestantischen Kirche, von einem Ausflug nach Zandvoort, nach dem »Zaanstrek«, nach Marken und Edam, Haarlem und Scheveningen. Danach kehrte Marie Valérie allein nach Wien zurück, während Elisabeth nach Bayern und Ischl weiterreiste.

Im Jahr 1885 trafen sich die Kaiserin und ihre Tochter wieder in Heidelberg. Elisabeth kehrte am 2. April von einer erneuten Kur aus Amsterdam zurück. Die siebzehnjährige Erzherzogin schrieb voll Begeisterung in ihr Tagebuch: »Um ½ 8

55

Heidelberg gilt wegen seiner Lage und des milden Klimas als eine der schönsten Städte Deutschlands. Die 1196 erstmals erwähnte Stadt beherbergte von 1804 bis 1808 die sogenannten »Heidelberger Romantiker« Brentano, Arnim, Eichendorff und Görres und ist seither eines der beliebtesten Touristenziele Deutschlands.

rennen wir zur Bahn herunter, um 8 Uhr kam der Zug von Mama hereingebraust. Das war ein Wiedersehen. Um 9 Uhr waren wir im Hochamt (in der Jesuitenkirche), sonst war alles wie immer.« Am 9. April unternahm man einen Ausflug nach Trier, um den Dom, die römischen Bäder und den Kaiserpalast sowie die Porta Nigra zu besichtigen, am nächsten Tag dann die »Igeler Säule«.

In Baden-Baden stand der Besuch von Elisabeths Schwester, Mathilde Gräfin Trani, an. Gemeinsam unternahmen sie eine Wanderung zur Ruine Eberstein. Völlig unerkannt wanderten die Kaiserin und ihre Tochter auch im April 1886 über die bewaldeten Höhen der Neckarstadt. Doch nicht nur mit ihrer Mutter, sondern auch mit ihrem Bräutigam kam Marie Valérie im Mai 1889 wieder nach Heidelberg. Sie wollte ihm alle von ihr so geschätzten Sehenswürdigkeiten in und um Heidelberg zeigen. Auch im folgenden Jahr trafen sich die Kaiserin und die Verlobten noch einmal dort.

In den Jahren 1883, 1886 und 1888 bereiste Marie Valérie mit ihrer Mutter Baden-Baden. Bei diesen Aufenthalten trafen sie oft mit Schwestern der Kaiserin zusammen. 1888 feierte Marie Valérie hier zusammen mit ihrem Hofstaat ihren 20. Geburtstag. Ihre Mutter war damals schon wieder abgereist.

1884, 1889 und 1890 waren Reisen nach Wiesbaden angesagt. Viele Ausflüge führten in die schöne Umgebung. Marie Valérie war beeindruckt von der Griechischen Kapelle auf dem Neroberg. Der Grund für die Reise im Jahre 1890 war wieder eine Massagekur für die Kaiserin bei Dr. Mezger. Diesmal wohnten sie in der »Villa Langenbeck«. Dort erhielten sie am 11. April Besuch von Kaiser Wilhelm II. und am 29. April von der Kaiserinwitwe Victoria, die sich Kaiserin Friedrich nannte.

Alle von der Kaiserin aufgesuchten Kurorte aufzählen zu wollen wäre müßig. In ihrem Todesjahr 1898 hielt sich Elisa-

56

Johann Georg Mezger (1828–1909), Massagearzt, betrieb ab 1870 eine Praxis im »Amstel-Hotel« in Amsterdam. Elisabeth, die, wenn sie über ihn berichtete, stets die Schreibweise »Metzger« benutzte, konsultierte ihn dort sowie in den später von ihm eröffneten Praxen in Paris und Nauheim.

beth in der Villa »Mon Bijou« in Bad Kissingen auf. In der Vorhalle des dortigen »Hotel Diana« erinnert eine Gedenktafel an den Besuch Kaiser Franz Josephs sowie der Erzherzogin Marie Valérie mit ihrem Gemahl Franz Salvator im Mai 1898. Die Hofdame Gräfin Sztáray berichtete von schönen Ausflügen, unter anderem zum »Forsthaus Klaushof«.

Doch schon im Juli wurde ein amtliches Bulletin veröffentlicht, das davon sprach, daß die Kaiserin unter Anämie, Nervenentzündung und Schlaflosigkeit leide. Sie beschloß, nach Nauheim zu reisen. Am 16. Juli verabschiedete sie sich von ihrem Mann in Ischl, der sie nicht mehr lebend wiedersehen sollte. Von dessen noch immer sehr innigen Gefühlen für Sisi sprechen die folgenden Zeilen: »Du gehst mir hier unendlich ab, meine Gedanken sind bei Dir, und mit Schmerz denke ich an die so unendlich lange Zeit der Trennung.« Von Nauheim begab sie sich nach Homburg. Als sie dort mit einer einfachen Kutsche in den Schloßhof einfuhr, wurde sie von der Wache nicht erkannt, mußte aussteigen und wurde aufs Revier geführt. Erst ein herbeigestürzter Kammerherr erkannte sie schließlich. Unter tausend Entschuldigungen entließ man sie aus der Haft – ein Vorfall, den Elisabeth mit viel Humor nahm. Kaiserin Friedrich begrüßte sie herzlich. Obwohl Elisabeth sie liebte, strengte sie der Besuch bei dieser vom Leben hart mitgenommenen Frau sehr an. Nach einigen weiteren Aufenthalten in der Gegend trat die Kaiserin ihre letzte Reise in die Schweiz an.

28 Elisabeth in Kissingen mit Ludwig II. von Bayern und dem russischen Zarenpaar vor der Kurhalle 1864. Aquarell von Joh. Maar

Die Griechenlandbegeisterung – geliebtes Korfu

Der Aufenthalt der dreiundzwanzigjährigen Kaiserin 1860/
1861 auf Madeira erwies sich für sie als weniger erholsam und
interessant, als sie erhofft hatte. Daher bestieg sie im April 1861
wieder die Jacht, die ihr die englische Königin Victoria für die
Reise zur Verfügung gestellt hatte, und landete am 15. Mai in
der Bucht von Gasturi auf Korfu. Elisabeth war überwältigt:
»Ich habe schon viel Schönes gesehen, doch gibt's nichts Schö-
neres auf der Welt als dieses Scheria« – »Scheria« heißt die Insel
bei Homer. Die Kaiserin stellte sich auf einen längeren Aufenthalt auf Korfu ein, da ihr aber Franz Joseph auf der Jacht
»Phantasie« entgegengefahren war, blieb ihr nichts anderes
übrig, als mit ihm nach Wien zurückzukehren. Kaum dort ein-
getroffen, kam es jedoch wieder zu Streitigkeiten mit der
Schwiegermutter über die Erziehung der Kinder. Bald schon
fühlte sich Elisabeth wieder krank, und die Ärzte rieten ihr zu
einem erneuten Aufenthalt im Süden. So brachte der Kaiser
seine Frau schon am 23. Juni nach Triest, wo sie, begleitet von
Erzherzog Ferdinand Max, nach Korfu in See stach.

Dort erhielt sie Besuch von ihrer Schwester Helene, und am
13. Oktober traf auch Franz Joseph in Korfu ein. Mit ihm ei-
nigte sich Elisabeth darauf, daß sie nicht direkt nach Wien zurückkehren, sondern eine Zeit lang in Venedig bleiben sollte.
Am 3. November traf sie in der Lagunenstadt mit der fünf-
jährigen Gisela und dem dreijährigen Rudolf zusammen. Erst
im Mai 1862 holte Franz Joseph seine Frau zurück; Elisabeth
quartierte sich allerdings zusammen mit den Kindern in das
Jagdhaus in Reichenau an der Rax (Niederösterreich) ein. Nach
Wien kam sie erst am 14. August.

Der Kaiser ließ am 30. November 1869 seine Jacht auf der
Rückkehr von den Feierlichkeiten zur Eröffnung des Suezka-

Es waltet hier nicht das ängstliche Gefühl der Einsamkeit, das uns in unse-
ren Wäldern oft bewegt; es ist die Stille, die Abgeschiedenheit einer vertrauten Stube. Man sieht sich, aber man fühlt sich nicht allein … Dort oben
… hielt ich bei der Villa Braila. Der Garten und das Haus sind einfach, beinahe ärmlich … Aber was die Menschen nicht dazuthaten, das gab der
Himmel, und so wie das Haus und der Garten wildert, möchte ich mein Leben lieber dort als in allen Palästen Wien's und Paris' verbringen.
Alexander Freiherr von Warsberg

nals aus Ägypten für kurze Zeit in Korfu anlegen, wo er es genoß, wie er seiner Frau schrieb, »alle die Plätze einer zwar traurigen, aber doch unvergesslichen Zeit wiederzusehen. Es kam mir Alles wie ein Stück Heimath vor.« Eine Heimat sollte Korfu für die ruhelose Kaiserin werden, wenn auch wieder nur für kurze Zeit.

Im Januar machte die Kaiserin in Budapest die Hof- und öffentlichen Bälle mit, fuhr aber dann schon am 19. Januar für einige Tage nach Schloß Miramar in der Nähe von Triest, um sich zu erholen. Nach weiteren Kuraufenthalten in Deutschland traf sich das Kaiserpaar Ende August in Kremsier mit Zar Alexander. Nach einem kurzen Aufenthalt in Ischl ließ Elisabeth ihren Mann wieder einmal allein und brach zu einer Kreuzfahrt zu den griechischen Inseln und in die Türkei auf.

Die nächste große Seereise nach Korfu erfolgte im Herbst 1887 zusammen mit dem Freiherrn Alexander von Warsberg, dem österreichisch-ungarischen Konsul in Korfu und Verfasser der ›Odysseischen Landschaften‹. Am 30. Oktober 1887 betrat Elisabeth die Insel an der Stelle, an der nach homerischer Überlieferung auch Odysseus an Land gegangen war.

Elisabeth hatte schon vor langer Zeit angefangen, Griechisch zu lernen. Seit 1887 nahm sie auf ihren Reisen immer einen Griechischlehrer mit. Der Kaiser mochte die jungen Lehrer seiner Frau nicht und bedachte sie mit wenig schmeichelhaften Namen: So nannte er Nikolao Thermojánnis »den kleinen schreienden Griechen«, Constantin Christomanos »den Buckligen« und den hageren Rhoussos Rhoussopoulos »den Großhaxeten«. Im Juli 1891 kam als neuer Vorleser der Grieche Constantin Manos nach Ischl, gefolgt von Marcati, »dem neuen, parfümierten Griechen«. Schließlich gab es noch Frederik Barker, den der Kaiser den »armen kranken englisch-griechischen Spatz« nannte.

29 Elisabeths Griechischlehrer Constantin Christomanos, der eine Beschreibung des Achilleions hinterließ.

30 Entwurf für das Achilleion auf Korfu von Theophil Hansen, der sich nach dem Tod Alexander Warsbergs vergeblich um die Bauleitung bemühte. Kupferstich von 1889

Elisabeth hatte sich sehr schnell für den Platz entschieden, an dem für sie ein Palast gebaut werden sollte: Bald erhob sich an der verlassenen und verfallenen »Villa Braila« bei Gasturi, die sie erworben hatte, das »Achilleion«, und im »prächtigen Säulenhofe, dem Peristyl, standen jetzt wirklich die Musen, als hätten sie diesen sonnendurchglänzten, von Düften umfächelten Sitz den wolkenragenden Spitzen des Parnasses doch vorgezogen«. Raffael Carito, ein berühmter Architekt aus Neapel, hatte die Pläne der Kaiserin – auch für die Inneneinrichtung – in die Realität umgesetzt. Die Ausmalung des Treppenhauses wurde dem jungen Historienmaler Franz Matsch aus Wien übertragen. Von den vielen Zimmern, die zum Teil auch für Elisabeths Töchter und ihre Familien vorgesehen waren, überbot eines das andere an Pracht, »welche den Frauengemächern Penelopes oder Helenens zu eigen gewesen sein mag«. Neben Elisabeths breitem griechischem Bett, »gemeiselt bis zur Vollendung«,

60

Es ist der sterbende Achilles, dem ich meinen Palast geweiht habe, weil er für mich die griechische Seele personificirt und die Schönheit der Landschaft und der Menschen … und seine Trauer war ihm wertvoller als das Leben.

1885

31 Der sterbende Achilleus. Statue ▶ von Ernst Herter. Fotografie von 1896

stand ein hölzernes Betpult und darauf ein silbernes byzantinisches Muttergottesbild. Aus ihren Gemächern trat die Kaiserin auf das Peristyl, den Säulengang, hinaus. Am Ende des langen Flügels des Peristyls, gegen Norden und das Meer hin, erhob sich eine blendend weiße Marmorfigur, Peri, die Lichtfee aus John Miltons ›Verlorenem Paradies‹: »Auf den Flügeln eines Schwanes hingestreckt, gleitet sie traumumfangen über die Wellen, das verlassene, schlafende Kind fest an den Busen drückend.« Vom Peristyl führte nur eine einzige Treppe hinab auf die Gartenterrasse, den Musengarten. Auf der unteren Terrasse stand das Wahrzeichen des Schlosses, der ›sterbende Achilleus‹, den der Berliner Bildhauer Ernst Herter geschaffen hatte.

Die Kaiserin auf ihren Reisen zu begleiten war nicht immer eine Freude. Je älter sie wurde, desto seltsamer benahm sie sich. Daß Elisabeth in Griechenland selbst bei größter Hitze Fußmärsche von bis zu acht Stunden spielend meisterte, darüber wunderte sich niemand mehr. Ihre Angewohnheit, einfach in fremde Häuser und Gärten zu gehen, ohne Anmeldung und ohne Begründung, wurde jedoch allmählich zur Manie. Aus Korfu erhielt die Hofdame Ida Ferenczy einen langen Klagebrief der Gräfin Festetics über das peinliche Benehmen der Kaiserin: »Es drückt mich, liebe Ida, was ich hier sehe und höre. Ihre Majestät ist zwar immer lieb, wenn wir beisammen sind und redet wie einst. Sie ist aber nicht mehr die Alte – ein Schatten liegt über ihrer Seele. Nur diesen Ausdruck kann ich gebrauchen, da man bei einem Menschen, der aus Bequemlichkeit oder Unterhaltung alles schöne und edle Gefühl unterdrückt und verneint, nur sagen kann, es sei Bitterkeit oder

Zynismus! Glaube mir, blutige Tränen weint mein Herz! Dabei macht sie Dinge, dass dem Menschen nicht nur das Herz, sondern auch der Verstand stehen bleibt. Gestern früh war schlechtes Wetter, trotzdem fuhr sie mit dem Segler hinaus. Um 9 Uhr begann es schon zu gießen und bis 3 Uhr nachmittags dauerte der furchtbare von Donner begleitete Guß. Während der ganzen Zeit segelte sie um uns herum, saß am Deck – hielt den Regenschirm über sich und war ganz naß. Dann stieg sie irgendwo aus, bestellte ihren Wagen hin und wollte in einer fremden Villa übernachten. Du kannst Dir vorstellen, wie weit wir sind – gottlob, der Arzt begleitet sie überall hin. Aber noch großartigere Sachen kommen vor.«

In den Jahren 1888 und 1889 hielt sich Elisabeth nur wenige Wochen jeweils im Oktober auf Korfu auf. Von hier aus reiste sie mit der »Miramar« über Sizilien nach Malta und Tunis und kehrte dann ganz kurz nach Wien zurück. Sie musterte ihre Garderobe aus und beschloß nach dem Selbstmord ihres Sohnes Rudolf am 31. Januar 1889, als Zeichen ihrer Trauer von nun an nur noch schwarze Kleider zu tragen. Marie Valérie bat ihre Eltern, den Heiligabend 1889 nicht in der Hofburg zu verbringen, und so fuhr man für den Tag nach Schloß Miramar. An jenem Christabend gab es erstmals weder Weihnachtsbaum noch Bescherung.

32 Kaiserin Elisabeth, vermutlich auf Korfu. Gemälde von Friedrich August von Kaulbach, 1898

33 Die
kaiser-
liche Jacht
»Mira-
mar«

Nach der Vermählung von Marie Valérie am 31. Juli 1890 begab sich Elisabeth von August bis Oktober auf eine lange Seereise, die sie von Dover nach Lissabon, Gibraltar, Tanger, Algier, Marseille, dann Florenz, Pompeji, Capri und schließlich
nach Korfu führte. Die Kaiserin hatte sich in Dover im Segel-
kutter »Chazalie« unter dem Pseudonym Mrs. Nicholson ein-
geschifft. Als das Schiff in einen furchtbaren Sturm geriet,
ließ sich die Kaiserin wie weiland Odysseus an einen Mast
binden, um von Deck aus den entfesselten Elementen zuzuse-
hen. In Lissabon rang sie sich dazu durch, die Königin-Witwe
Maria Pia zu besuchen, auf Korsika erfüllte sie sich den
Wunsch, das Geburtshaus Napoleons zu besichtigen. Da Elisabeth ihre Reisepläne nach Lust und Laune immer wieder
änderte und der Postdienst nur sehr unregelmäßig funktio-
nierte, waren Hof und Kaiser in Wien nur selten genau über
ihren jeweiligen Aufenthaltsort informiert. Jedenfalls traf sie
schließlich nach ihrem Aufenthalt auf Korfu am 1. Dezember
1890 im Schloß Miramar mit Franz Joseph zusammen. Es war
höchste Zeit, daß sie heimkehrte, da man nicht nur in Österreich, sondern auch in Ungarn die ständige Abwesenheit der
Kaiserin mit zunehmendem Unwillen registrierte.

Am 17. Januar 1891 zeigte sich die Kaiserin zum erstenmal
wieder der Öffentlichkeit, in tiefstes Schwarz gekleidet und
aufgrund ihrer Eßgewohnheiten sehr abgemagert. Dann ent-

Die selbst für Kaiserin Elisabeth
außergewöhnlich erratischen Reisen
der Jahre 1889 und 1890 können kaum
anders interpretiert werden als eine
Flucht infolge des Selbstmordes ihres
Sohnes Rudolf auf Schloß Mayerling.

schloß sie sich, Marie Valérie auf Schloß Lichtenegg zu besuchen. Der Tochter gelang es, sie dazu zu überreden, daß sie wieder normal aß.

Ihre nächste Reise nach Korfu im März 1891 trat Elisabeth zusammen mit dem jungverheirateten Paar Marie Valérie und Franz Salvator an. Am 18. März warf die »Miramar« vor Korfu Anker, unmittelbar vor dem Höhenrücken unweit der Ortschaft Gasturi. Von dort war das im Bau befindliche »Achilleion« bereits zu sehen. Begrüßt wurde die Gesellschaft durch Konsul Graf Kevenhüller. Am Abend nahm man das Diner an Bord ein und setzte schließlich zur Ulyssesinsel über, wo die Erzherzogin einen »komischen alten Kauz« kennenlernte, der sich gar nicht wunderte, daß ihre Mutter fließend Griechisch mit ihm sprach. Er lebte als Einsiedler in einer kleinen Kapelle, unter hohen Zypressen, von Kakteen und Aloen umgeben. Der Abend in der Villa sollte ganz romantisch werden. Zuerst bewunderte man ein Feuerwerk, dann kamen in einem Kahn italienische Arbeiter des Hauses herüber, um vor der »Miramar« zu Mandolinenbegleitung neapolitanische Lieder zu singen, die mit begeisterten Rufen »Evviva Sua Maestà« endeten. Der nächste Besuch galt dem Schlößchen Monrepos, in dem Elisabeth einen Sommer verbracht hatte. Franz Salvator unternahm mit einigen Herren einen Ausflug an die albanische Küste, um dort am Butrintosee zu jagen. Marie Valérie und ihre Mutter vertrieben sich die Zeit mit einer mehrstündigen Segelfahrt zur Küste. Wo immer sich die beiden Damen sehen ließen, wurden sie von einheimischen Frauen geradezu verfolgt, die ihrer Begeisterung über den Besuch Ausdruck verleihen wollten.

Auch ein Abstecher nach Athen sollte auf dieser Reise nicht fehlen. So fuhr die Gesellschaft zunächst nach Korinth und von dort mit der Eisenbahn immer am Meer entlang bis nach

34 Innenansicht des Hofsalonwagens der Kaiserin. Diesen Wagen verwendete sie 25 Jahre lang für ihre Reisen auf dem europäischen Festland.

35   Ansicht des Erechtheions auf der Akropolis in Athen. Möglicherweise handelt es sich bei der Dame in Schwarz um die Kaiserin.

Megara, um schließlich um fünf Uhr in Athen anzukommen. In einem Wagen ging es zunächst zum königlichen Schloß, dann – Elisabeth hatte sich nicht anmelden lassen und traf daher niemanden an – ins Kronprinzen-Palais. Nach dem Rundgang durch die königlichen Gärten logierte sich die Reisegruppe im »Hôtel des Etrangers« ein. Nach einem schlechten Essen brach man bei herrlichem Mondschein zur Fahrt auf die Akropolis auf: »Ein unvergleichlicher Eindruck in diesem bleichen, geheimnisvollen Licht.«

Den ganzen nächsten Tag verbrachte das junge Paar mit der Mutter mit Besichtigungen. Mit dem Zug ging es wieder nach Korinth und von dort nach Korfu, wo man ruhige Ostertage verlebte. Als Elisabeth das Ehepaar zur »Miramar« begleitete,

Griechenland war es 1830 mit Hilfe der europäischen Großmächte gelungen, sich aus dem Osmanischen Reich zu lösen und die Unabhängigkeit zu erlangen. Am 8. August 1832 wählte die griechische Nationalversammlung den von den Großmächten als Thronprätendenten eingesetzten minderjährigen Otto von Wittelsbach zum griechischen König. Obwohl er 1844 eine Verfassung erließ, nahm im Laufe der Jahre die Unzufriedenheit im Volk über seine Regierung zu, so daß er am 22. Oktober 1862 abgesetzt wurde. Als neuer König wurde Prinz Wilhelm von Dänemark gewählt, der bis zu seiner Ermordung am 5. März 1913 als Georg I. regierte.

um dort Abschied zu nehmen, kämpfte sie mit den Tränen.
Sie selbst reiste nach Sizilien, von wo sie begeisterte Briefe an
die Tochter schickte. Allerdings schwangen darin auch bittere
Töne mit. So schrieb sie ihr, daß sie wohl die Rückreise ohne
die Mutter am meisten genossen habe, da sie nicht dabei war,
um die Tochter zu quälen und zu ermüden. Marie Valérie ging
in sich, bat die Mutter um Verzeihung und nahm sich fest vor,
nurmehr »Sonnenstrahl zu sein, in Mamas traurigem Leben«.

Nur für kurze Zeit kehrte Elisabeth nach Gastein zurück
und verbrachte schöne Tage mit dem Kaiser, der sich, wie aus
seinen Briefen an Elisabeth über die Jahre hinweg immer wieder hervorgeht, nach der Liebe seines »unaussprechlich geliebten Engels« verzehrte. Doch schon bald brach Elisabeth
wieder aus der Welt des starren höfischen Zeremoniells aus,
mit dem sie sich nie abfinden konnte und wollte. Obwohl sie
wußte, daß Marie Valérie ihr erstes Kind erwartete, trieb es sie
wieder nach Korfu. Und auch da hielt sie es nicht lange aus,
sondern sie reiste für drei Wochen nach Ägypten. Das Weihnachtsfest 1891 war das letzte, das Elisabeth zusammen mit
dem Kaiser in Wien feierte. Von nun an bis zu ihrem Lebensende verbrachte sie die Weihnachtsabende fern von ihren Lieben in Hotelzimmern in Valencia, auf Madeira, in Algier, Cap
Martin, Biarritz und Paris.

Kurz nach Elisabeths 55. Geburtstag verstarb am 26. Januar
1892 ihre dreiundachtzigjährige Mutter Ludovika an einer
Lungenentzündung. Einen Tag später wurde Marie Valérie
von einer Tochter entbunden, die auf den Namen Elisabeth
(»Ella«) getauft wurde. Sisi kümmerte sich um Marie Valérie,
die im Wochenbett ebenfalls an einer Lungenentzündung erkrankt war, während ihr Mann an einer schweren Grippe litt.
Als die junge Mutter wieder genesen war, brach die Kaiserin
wieder auf – und reiste über Miramar nach Korfu.

66

Ich bete für Dich zum großen Jehova. Nehme der Allmächtige mein kleines Täubchen und den, den es liebt, in seinen Schutz und gebe ihnen
auch zur rechten Zeit kleine Täubchen. Jetzt werde ich in der Messe noch
eigens darum beten. Heute scheint die Sonne, das Meer ist blau, und die
Insel [Sizilien] prangt grün wie ein Smaragd nach dem vielen warmen
Regen in Frühlingsfrische. Wenn Póka [ungarisch Truthahn, der Kosena-
me des Kaisers] und Du nur hier wäret!

An Marie Valérie nach deren Hochzeit, 1890

Das »Achilleion«, ursprünglich als Erbe für Marie Valérie gedacht, doch dann der
ältesten Tochter Gisela ver-
erbt, war inzwischen fertig-
gestellt. Die Schönheit der
Villa suchte ihresgleichen.
Das Haus glich einem Mu-
seum, und die Vereinigung
von pompejanischem Stil und
modernem Luxus wie etwa
elektrischem Licht bot einen
einzigartigen Reiz. Im Park
hatte Elisabeth eine vom dä-
nischen Bildhauer Louis Hasselriis geschaffene Statue von
Heinrich Heine aufstellen
lassen. Als die Kaiserin 1889
diese Skulptur der Stadt

36   Heinrich Heine. Skulptur von
Louis Hasselriis. Historische Fotografie

Düsseldorf, dem Geburtsort des Dichters, schenken wollte,
lehnten die Stadtväter dankend ab, und so blieb sie bis 1908
im »Achilleion«. Jeden Abend nahm Elisabeth vor dieser Statue Abschied vom Tag, um den verehrten Dichter mit in ihre
Träume zu nehmen.

Zum letztenmal besuchte die Kaiserin im März und April
1895 Korfu. Am 22. April ließ sie die von Antonio Chiattone
gemeißelte Bildsäule für ihren Sohn Rudolf im »Achilleion«
aufstellen. Am Tag nach der Enthüllung verließ sie Korfu
fluchtartig. War sie bis dahin schon ruhelos durch Europa ge-
reist, so begann nun eine Odyssee ohnegleichen.

> Durch die ganze Welt will ich
> ziehen, Ahasver soll ein Stuben-
> hocker gegen mich sein. Ich will
> zu Schiff die Meere durchkreu-
> zen, ein weiblicher »Fliegender
> Holländer«, bis ich einmal ver-
> sunken und verschwunden sein
> werde.   *Sommer 1890*

In Rom beim Heiligen Vater

Als Elisabeths Schwester, Königin Marie von Neapel, im Dezember 1869 ein Kind erwartete, bat sie die Kaiserin, ihr in dieser schweren Zeit beizustehen und nach Rom zu kommen. Elisabeth nahm die Gelegenheit gerne wahr und traf dort in den ersten Dezembertagen ein. Sie nahm im Palazzo Farnese Logis, als Gast ihres Schwagers, des seit 1861 im Exil lebenden Königs von Neapel Franz II., der sich »vor Liebenswürdigkeit zerreißt«. Das Kind, eine Tochter, kam zu Elisabeths großer Freude an ihrem eigenen Geburtstag, dem 24. Dezember, zur Welt.

Da das erste vatikanische Konzil kurz vor der Eröffnung stand, hielten sich in diesen Tagen nicht weniger als 800 kirchliche Würdenträger aus allen Teilen der Welt in Rom auf. Die Kaiserin wohnte am 8. Dezember 1869 der Eröffnung des Konzils im Petersdom in der den Souveränen vorbehaltenen Loge bei. »Ein Meer von Bischofsmützen«, nannte sie die Versammlung in einem Brief an ihren Mann. Staunend beobachtete sie die Gehorsamsbezeigungen, bei der alle anwesenden Geistlichen sich dem Papst zum Handkuß nahen durften. Das viele »Auf-den-Knien-Herumrutschen« kam ihr »recht spaßig vor«. Obwohl die Eröffnungszeremonie etwa sieben Stunden dauerte, blieb Elisabeth nur etwa eine Stunde. Am folgenden

37 »Feierliche Procession zur Eröffnung des ökumenischen Concils zu Rom am 8. Dezember 1869: Einzug des Papstes unter Vorantritt der Cardinäle und Bischöfe«. Holzstich aus der ›Illustrirten Zeitung‹ vom 15. Januar 1870

Tag gewährte ihr Papst Pius IX. eine Audienz im Vatikan. Die ausgedehnte Unterhaltung verlief jedoch sehr einseitig: Elisabeth war des Italienischen nicht mächtig und verstand kaum etwas. Vier Tage später erwiderte der Heilige Vater den Besuch im Palazzo Farnese. »Das war wieder mit schrecklichen Zeremonien verbunden. Das ganze Haus war versammelt, und wir erwarteten ihn kniend am Fusse der Treppe ... Da die Konversation italienisch war, brauchte ich mich nicht anzustrengen. Beim Weggehen war wieder dasselbe Zeremoniell. Neben der Stiege zog der Papst seine Scharlachmütze über die Ohren und nahm einen Hermelinscharlachmantel um, da erinnerte er mich an die Kaiserin Karoline Augusta«, so der ironische Bericht des Kaiserin nach Wien.

Während ihres Aufenthalts in Rom war die Kaiserin sehr auf ihr Inkognito bedacht und vermied Empfänge beim diplomatischen Korps und bei Fürstlichkeiten. Nur Baron Visconti vertraute sie sich an, da er ihr als kompetenter Reiseführer diente. Als sie allerdings vom römischen Adel zu einer großen Jagd in die Campagna eingeladen wurde, legte sie ihr Inkognito bedenkenlos ab. Die begeisterte Reiterin wollte sich diese Gelegenheit nicht entgehen lassen, wenngleich sie die Qualität des Reitbodens im Nachhinein bemängelte. Offenbar fühlte sie sich sehr wohl, denn sie zog sich in keiner Weise zurück; den Grafen Malatesta, der sich um sie zu kümmern hatte, bezeichnete sie als ihren »großen Liebling hier«, sie unterhielt sich prächtig mit den Fürsten Doria, Odescalchi, Piano und vielen anderen und zeigte keine Spur ihrer immer wieder auftretenden Menschenscheu. Statt allerdings von Rom wieder nach Wien zurückzukehren, reiste sie zum Ärger des Hofes direkt nach Budapest.

Als sich Elisabeth 1878 in England aufhielt, starb am 7. Februar Papst Pius IX. In dieser Zeit litt die Kaiserin unter Be-

Das **erste vatikanische Konzil** (Vaticanum I) fand als 20. Ökumenisches Konzil vom 8. Dezember 1869 bis zum 18. Juli 1870 in der Peterskirche statt. Die Themen spiegeln deutlich die kirchenhistorischen Auseinandersetzungen des 19. Jahrhunderts wider: Das Glaubensverständnis wurde vor allem gegen den Rationalismus und den als kulturkämpferisch verstandenen Liberalismus abgegrenzt, die Autorität der kirchlichen Organe gestärkt, insbesondere die Stellung des Papstes, dessen Unfehlbarkeit in Glaubensfragen zum Dogma erklärt wurde. Insbesondere die Kritik daran führte im Gefolge des Vaticanums zur Abspaltung der Altkatholiken.

schwerden, die sie einige Tage lang davon abhielten zu reiten. Ihrem Mann schrieb sie nach Wien: »Da ich nun einige Tage nicht jage werden die Leute sagen, es sei wegen dem Papst. Das macht sich sehr gut.«

Zu einem zweiten Aufenthalt in Rom kam es nicht. Auf einer ihrer unzähligen Schiffsreisen kam sie zwar 1890 über Marseille nach Florenz und erwog wohl einen erneuten Besuch in der italienischen Hauptstadt. Inzwischen hatte sich die politische Lage jedoch grundlegend geändert. Am 20. September 1870 hatte Italien die Reste des Kirchenstaates eingenommen und Rom zur Hauptstadt erhoben. Zwar war dem Papst im Garantiegesetz vom 13. Mai 1871 Unabhängigkeit zugesichert worden, doch er fühlte sich fortan als »Gefangener im Vatikan« und begegnete dem italienischen Staat äußerst feindselig. Der italienische Ministerpräsident Crispi und Papst Leo XIII. hatten 1890 immer noch keine Einigung gefunden, und Crispi fürchtete, daß ein Besuch der Kaiserin beim Papst in Rom diesen politisch aufwerten könnte. Auch Franz Joseph in Wien beobachtete die Reiseroute seiner Gemahlin mit Sorge. Da sie in dieser Zeit ohne festen Plan kreuz und quer herumreiste – und dies vor allem mit dem Schiff –, war die briefliche Verständigung zwischen dem Kaiserpaar schwierig und langwierig. Österreich-Ungarn war durch den am 20. Mai 1882 mit Deutschland und Italien geschlossenen Dreibund mit Italien verbündet, so daß dem Monarchen nicht daran gelegen sein konnte, daß seine Gattin allein durch ihre Anwesenheit in Italien unnötige Spannungen heraufbeschwor. Doch die Ängste der Kaisers und des Ministerpräsidenten erwiesen sich als unbegründet. Trotz ihres Desinteresses an der Politik zog sich die Kaiserin gekonnt aus der Affäre. Sie schrieb lediglich einen höflichen Brief an das italienische Königspaar, umging Rom und reiste nach Pompeji und Capri.

70

Sizilien und Neapel erlebten eine höchst wechselvolle Geschichte. Die unterschiedlichsten Dynastien und Mächte – Bourbon, Habsburg, Frankreich, Piemont – gewannen und verloren allein im 17. und 18. Jahrhundert die Herrschaft über das Königreich Neapel und über Sizilien. 1815 wurden beide – wieder einmal – vereinigt, und der neue Bourbonenstaat trug seit 1816 den Namen »Königreich beider Sizilien«. In den Revolutionen von 1820/1821 und 1848/1849 kämpften die Sizilianer vergeblich um eine Sonderstellung; im Jahr 1860 stürzte Garibaldi Franz II. von Bourbon und gliederte das Land 1861 ins Königreich Italien ein.

England

Marie, die Schwester der Kaiserin und einstige Königin von Neapel erwarb 1874 in England ein Jagdhaus. Da man glaubte, daß die sechsjährige Marie Valérie eine schwache Konstitution habe, nutzte die Kaiserin die Gelegenheit zu einer Reise nach England. Über Straßburg, wo Mutter und Tochter das Münster besichtigten, ging es über Le Havre zur Isle of Wight. Dort trafen sie am 2. August 1874 ein. Kurz nach ihrer Ankunft empfing die Kaiserin den Besuch der Königin von England, die gerade in Schloß Osborne weilte. »Ich habe nie eine so starke Frau gesehen«, meinte die kleine Marie Valérie. Im Gefolge der Königin waren ihr Gemahl, Edward Prince of Wales, der »freundlich, hübsch und stocktaub« war, und die preußische Kronprinzessin Viktoria, die älteste Tochter der Queen. Die Damen waren einhellig von der Kaiserin von Österreich enttäuscht und empfanden sie »pikanter als alle Damen«, doch sehr sonderbar, was ihre Tageseinteilung angehe. Sie verbringe den größten Teil des Vormittags schlafend auf dem Sofa, diniere um 4 Uhr und reite am Abend ganz allein und niemals kürzer als drei Stunden lang; sie werde wütend, wenn irgend etwas anderes geplant sei. Einer Einladung der Königin folgte die Kaiserin nicht.

Mit dem stets abenteuerlustigen Prince of Wales, dem späteren König Eduard VII. –

71

38 **Eduard VII.** (1841–1910), ältester Sohn Königin Victorias und Alberts von Sachsen-Coburg und Gotha, bestieg den Thron erst im Jahr 1901. Aufgrund seiner Vorliebe für Frankreich und einer Abneigung gegen seinen Neffen, den deutschen Kaiser Wilhelm II., wirkte er an der Entente von 1904 mit. Stahlstich von 1878

39 Rückkehr der Kaiserin nach einem Ausritt im Hydepark. Gemälde von Max Claude, 1874

einem gern gesehenen Gast in Ischl – verstand sie sich dagegen offenbar ausgezeichnet.

Auch wenn Elisabeth fern vom Wiener Hof weilte, gab es stets eine Reihe von Besuchen, die sie aus protokollarischen Gründen zu machen hatte: so etwa auch bei der Herzogin von Edinburgh, dann bei der Herzogin von Teck. Abends ritt sie mit dem österreichischen Botschafter Beust auf dem berühmten Königsschimmel von Budapest, den sie eigens mitgenommen hatte, im Hydepark aus. Außerdem besuchte sie die Nervbenheilanstalt Bedlam, die größte ihrer Art in der Welt.

There's Somebody coming upstairs
... Wir saßen im Drawing-room gemütlich beisammen,
Prince Eduard und ich.
Er raspelte Süßholz und schwärmte,
Er sagte, er liebte mich.
Er rückte sehr nah und nahm meine Hand,
Ich lachte von Herzen und drohte:
»There's somebody coming upstairs.«
Wir lauschten, es war aber nichts,
Und weiter ging das lustige Spiel.
Sir Eduard ward mutig,
Ja, er wagte auch viel.
Ich wehrte mich nicht, es war interessant,
Ich lachte: »Dear cousin, wie wär's«
Da ward er verlegen und flüsterte leis:
»There's somebody coming upstairs.«   *September 1887*

Nach einem Ausflug nach Melton ging es schließlich nach Belmore Castle. Dort hielt der Herzog von Rutland seine Hundemeute, und die Kaiserin ritt zum erstenmal auf englischem Boden eine große Jagd. Die begeisterte Reiterin genoß mehrere Jagdtage und verbrachte anschließend noch einige Zeit im Badeort Ventor, ehe sie im September nach Gödöllö zurückkehrte.

In den ersten Märztagen 1876 reiste Elisabeth zum zweiten Mal nach England, um dort zu reiten und zu jagen. Sie wohnte in Easton Neston, einem alten Herrensitz mit schönem Park, wo sie auch mit ihrer Schwester Marie, der Exkönigin von Neapel, zusammentraf. Für ihre Reitausflüge und Jagden stellte Lord Spencer, Vizekönig von Irland, der an der Organisation von Elisabeths England- und Irlandreisen beteiligt war, zwei der besten Reiter Englands, Oberst Hund und Captain Middleton, als »Piloten« für die Kaiserin ab. Besonders Bay Middleton, ein Freund Lord Spencers, war nicht eben erfreut über diesen Auftrag, änderte aber seine Ansicht, als er erlebte, wie schneidig die Kaiserin ritt. Nach einem Besuch bei Queen Victoria auf Schloß Windsor am 12. März kehrte Elisabeth am 5. April 1876 braungebrannt »wie ein wilder Hase« nach Wien zurück – und mußte »gleich wieder ins Geschirr«. So drückte sich die Kaiserin aus, wenn sie wieder an Bällen und Festen teilzuneh-

men hatte.

Ende Dezember 1877 reiste Elisabeth zum dritten Mal nach England und mietete sich diesmal in einem schönen Jagdhaus in Cottesbrooke in Northhamptonshire ein, ganz in der Nähe von

40 William George »Bay« Middleton. Gemälde von Basil Nightingale. Der zehn Jahre jüngere Offizier diente Elisabeth während ihrer Englandaufenthalte 1876, 1878, 1879 und 1880 als Begleiter. Nach anfänglichem Widerstand entwickelte sich zwischen den beiden eine mehrjährige freundschaftliche Beziehung.

Althorp, dem prächtigen Herrensitz der Familie Spencer. Die dort verlebten sechs schönen Wochen trugen ihr nicht nur den Ruf ein, die »Kaiserin hinter der Meute« zu sein, sondern führten darüber hinaus zu einer gewaltigen Klatschgeschichte: Man erzählte sich, der englische Kronprinz und die Kaiserin hätten Gefallen aneinander gefunden.

Zur gleichen Zeit begann ein Studienaufenthalt des neunzehnjährigen Kronprinzen Rudolf in England. Obwohl Mutter und Sohn zur selben Zeit in England weilten, gingen sie doch getrennte Wege. Elisabeth ritt wieder mit Bay Middleton, der übrigens im Sommer 1876 in Gödöllö aufgetaucht war, sich dort aber nicht wohlgefühlt hatte, während der Kronprinz eine anstrengende Bildungsreise durch ganz England unternahm. Bei den wenigen Besuchen, die Rudolf seiner Mutter abstattete, kam es zu schweren Differenzen. Diese hatten sich bereits im Vorfeld angekündigt. Elisabeth hatte Rudolf gebeten, in England nicht an den Reitjagden teilzunehmen, da sich seine Reitkünste mit den ihren nicht messen konnten – eine Bitte, die der sensible Rudolf als Versuch wertete, ihn von sich fernzuhalten. So hatte er ihr vor Antritt seiner Reise geantwortet, daß es nicht in seiner Absicht liege, an den Parforcejagden teilzunehmen: »Das Publikum bei uns findet darin keine große Heldentat, wenn man sich dabei das Genick bricht, und mir ist meine Popularität auch viel zu viel wert, um sie für dergleichen Dinge zu verscherzen.« In England war es ausgerechnet seine Tante Marie von Neapel, die den jungen Kronprinzen auf ein mögliches Verhältnis seiner Mutter mit Bay Middleton auf-

41 Elisabeth beim Hürdenritt. Stahlstich von Th. L. Atkinson, um 1880/1882. Die Kaiserin trägt ein hautenges Reitkostüm, das bei den Zeitgenossen viel Aufsehen erregte.

merksam machte. Rudolf war darüber so entsetzt, daß er gegen Middleton aggresiv wurde und diesen tödlich beleidigte. Der Kronprinz bereute zwar sein unüberlegtes Handeln, konnte aber nicht verhindern, daß es daraufhin zum Zerwürfnis zwischen Elisabeth und ihrer Schwester kam. Sie schwor, in Zukunft zur Jagd nicht mehr nach England, sondern nach Irland zu reisen – ein Vorsatz, der allerdings auch auf Lord Spencer zurückgehen könnte, den Elisabeth im Sommer 1878 in Ischl mit seiner berühmt liebenswürdigen Frau, »Spencer's Fairy Queen«, traf. Außerdem wurden in Irland bei den Reitjagden nicht nur Füchse, sondern auch die viel schwerer zu stellenden Hirsche gehetzt.

Irland

Schon im Februar und März 1879 schlug die Kaiserin in Schloß Meath des Lord Langford ihr Quartier auf. Zusammen mit ihren alten Getreuen unternahm sie wieder zahlreiche Ausritte. Daß diese Unternehmungen nicht ganz ungefährlich waren, mag belegen, daß ihr Rappe Domino eines Tages mit ihr durchging und sie bei einer anderen Gelegenheit im Lauf einer besonders scharfen Jagd beim Sprung über eine Mauer im Garten des Priesterseminars von Maynooth abwarf. Den Geistlichen, die ihr sofort beisprangen, sandte sie als Dank eine St.-Georgs-Statue.

Noch im März erreichte sie aus Wien die Nachricht, daß die Stadt Szegedin durch eine schwere Überschwemmung halb vernichtet worden war. Daher brach sie sofort ihre Zelte ab und kehrte auf dem schnellsten Wege heim, um den Menschen in ihrer Not beizustehen. Auf dem Bahnhof wurde sie vom Kaiser und ihrer Tochter Marie Valérie erwartet.

75

Irland unterstand seit dem 16. Jahrhundert der englischen Herrschaft. Im 19. Jahrhundert lagen drei Viertel des Grundbesitzes in Händen englischer und anglo-irischer Herren, während die irischen Katholiken de facto entrechtet waren. Es erstaunt nicht, daß solche Zustände zu immer wiederkehrenden Aufständen und Rebellionen führten – die letzte Erhebung vor Elisabeths Reise von 1867 wurde wie alle anderen niedergeschlagen. Erst 1919 gelang es einem Parlament in Dublin, sich zu konstituieren und die Unabhängigkeit der Insel auszurufen; die letzten staatsrechtlichen Verbindungen mit Großbritannien fielen sogar erst 1949.

Im Februar 1880 zog es die Kaiserin wieder nach Irland, diesmal nach Summerhill, wo sie häufig an Jagden teilnahm. Aber diesmal gab es Unruhen in Irland, was Elisabeth zwang, nach London zu fahren. Sie kündigte ihre Rückkehr nach Wien für Anfang März an, worüber sich die zwölfjährige Tochter Marie Valérie besonders freute. In ihrem Tagebuch notierte sie: »Aber oh! ich habe fast die große Nachricht vergessen, die mich so glücklich macht! Mama kommt am 13 des glücklichen Monats (das ist der März, der Monat meiner lieben Kommunion).« In ihrer Sorge um die damals ihrer Familie wenig Ehre machende Kaiserin fiel der Tochter auch der Reitunfall in Frankreich wieder ein: »7.3.80 Also wenn es wahr ist, so ist heute der Tag, an dem Mama von Summerhill wegreist. Oh! Ich bin sehr froh! Aber besonders daß diese unglücklichen Jagden aus sind, denn seit wir in Sasetot waren, habe ich immer Angst.«

Im Januar 1881 wollte Elisabeth erneut nach Irland, doch die noch immer nicht beruhigte innenpolitische Lage ließ das nicht zu. So fuhr sie statt dessen nach England ins Haus des Lord Combermere in Cheshire, wo sie am 15. Februar eintraf. Wenig später begannen allerdings einige linksgerichtete Zeitungen abfällig über sie zu berichten, und so floh sie nach Paris. Auch ihren letzten Jagdaufenthalt im Februar 1882 in England brach sie bald ab. Ihr Drang nach Parforcejagden war zu

42 Die ehemalige Zisterzienserabtei Combermere. Kolorierter Stich, um 1870

Ende. Als in späteren Jahren Elisabeths Hofdame Irma Sztáray sie fragte, warum sie ihre Reitkarriere so plötzlich beendet habe, antwortete die Kaiserin: »Plötzlich und ohne jeden Grund hatte ich den Mut verloren und ich, die ich noch gestern jeder Gefahr spottete, erblickte heute eine solche in jedem Busche und konnte mich von ihrem Schreckbilde nicht mehr befreien. Dies ist auch der Grund, warum ich Valérie niemals erlaubte, ein Pferd zu besteigen; ich wäre nicht fähig gewesen, die ewige Unruhe zu ertragen.« Selbstverständlich konnte Marie Valérie reiten – vor allem dank ihrer großen Schwester Gisela. Doch während Gisela an großen Jagden in Bayern und vor allem in Ungarn teilnahm, fand Marie Valérie keinen Spaß daran. Und keine von Elisabeths Töchtern ließ sich je wie die Mutter beim Reiten in ein »auf die Haut genähtes Kleidungsstück aus Leder« einschnüren.

An einen kurzen Aufenthalt im Seebad Cromer (Norfolk) im Juli 1887 und einen Besuch bei Queen Victoria auf der Isle of Wight schloß sich dann nochmals eine längere Reise nach England an, die von März bis Mitte April 1888 dauerte und bei der Elisabeth von der inzwischen zwanzigjährigen Marie Valérie begleitete wurde. Die Überfahrt nach England war sehr stürmisch, und am 17. März erlebten sie in Dover gar einen Schneesturm. Sie stiegen im »Claridge Hotel« in London ab. Marie Valérie lernte nun eine Weltstadt gründlich kennen, denn ihre Mutter ließ keinen Besichtigungspunkt aus. Auch das Wachsfigurenkabinett der Madame Tussaud stand auf dem Programm; Marie Valérie fand die Darstellung ihrer Eltern »grässlich«. Im Grunde genommen fühlte sich die Kaiserin in London »so unglücklich und wollte doch nicht weg, ehe ich alles gesehen«, notierte Marie Valérie. Zur schlechten Stimmung trug auch ein Streit mit Elisabeths Schwester Helene bei.

Die Stunden schleichen träg dahin, / Und mich erfasst ein wilder Spleen / In Albions Capitale; / Gebannt in's Zimmer krank und matt, / So weltverlassen, lebenssatt, / Fern jedem Sonnenstrahle, / Verwelkt mein Leib, verdorrt mein Geist, / Natur, wie ist dein Kind verwaist / Hier zwischen dunklen Mauern!

An Helene (»Nené«), März/April 1888

43 Ansicht von Schloß Sassetôt. Aquarell von Anton Romako, einem glühenden Verehrer der Kaiserin

Normandie

Nach dem Englandaufenthalt von 1874 plante die Kaiserin, einen Sommer in der Normandie zu verbringen. Der Kaiser erhob Einwände gegen den Plan, da die französische Regierung einigen der gefährlichsten Anarchisten von Europa Asyl gewähre; außerdem seien die Beziehungen Österreichs zur neuen Republik nicht so freundschaftlich, daß sie einen Staatsbesuch und die damit verbundenen Sicherheitsmaßnahmen rechtfertigten. Schließlich setzte Elisabeth ihren Wunsch durch. In Sassetôt-les-Mauconduits in der Nähe von Fécamp wurde ein nicht weit vom Meer gelegenes Schloß angemietet, und die Kaiserin, begleitet von der siebenjährigen Marie Valérie, fuhr in ihrem Hofzug von Wien über Salzburg, München, Karlsruhe, Straßburg, Paris und Beuzeville nach Fécamp, wo sie am 31. Juli 1875 eintraf. Der mitgeführte Troß umfaßte etwa 70 Personen und Elisabeths Pferde. Selbst Säcke mit ungarischem Mehl wurden mitgebracht, um die berühmten Wiener

78

Nach der Gefangennahme Napoleons kam es in Paris am 4. September 1870 zur Revolution, und Léon Gambetta proklamierte die **Dritte Republik**. Als Paris am 28. Januar 1871 in deutsche Hände fiel, trat er jedoch zurück. Der erste Präsident der in Bordeaux gewählten Nationalversammlung, Adolphe Thiers, schloß mit Deutschland den Frieden von Frankfurt und leistete 1873 vorzeitig die Reparationszahlungen, wonach die deutschen Besatzer abzogen. Blieb der Weg zu einer neuen Monarchie zunächst noch offen, so begründeten die Verfassungsgesetze von 1875 mit einer Stimme Mehrheit endgültig die parlamentarische Demokratie.

Bonbons herstellen zu können, die die kleine Erzherzogin in Döschen, die ihr eigenes Portrait zeigten, mit sich trug, um sie während der Spaziergänge zu verschenken.

Hatte sich Elisabeth von der Republik Frankreich versprochen, hier keinerlei gesellschaftlichen Verpflichtungen nachkommen zu müssen, so hatte sie sich gründlich getäuscht. An Franz Joseph schrieb sie, daß die Leute in der Normandie »trotz der Republik so zudringlich wie in keinem anderen Land« seien. Wirklich erholsam wurde der Aufenthalt also nicht. In Sasetôt war zudem die Küste sehr steil, so daß Marie Valérie auch bei sehr ruhigem Meer nicht oft zum Baden gehen konnte und am Strand spielen mußte. Sie mochte das »elende Nest« nicht. Der als Erholungsreise für die Tochter getarnte Aufenthalt erwies sich letztlich als eine Möglichkeit für die Kaiserin, sich mit dem angereisten englischen Reitlehrer Mr. Allen auf weitere Reiterreisen in England vorzubereiten. Die ortsansässigen Bauern reagierten verständlicherweise sehr ungehalten auf ihre Ausritte, da sie unbekümmert über bestellte Felder galoppierte und erhebliche Flurschäden anrichtete. Bei einem ihrer langen Reitausflüge stürzte die Kaiserin schwer, trug allerdings, abgesehen von einer leichten Gehirn-

44   Die Seine mit Pont Neuf und den Bauten der Ile de la Cité. Farbdruck nach Eugène Grasset aus ›Paris illustré‹, Nr. 47: ›La Seine à Paris‹, 1886

erschütterung, keinen Schaden davon. Als Franz Joseph in Wien gegen den Willen der Kaiserin von diesem Reitunfall erfuhr, war er so außer sich, daß er sofort zu seiner Gemahlin reisen wollte – aus politischer Sicht ein Ding der Unmöglichkeit. So mußte er sich darauf beschränken, ihr rührende Liebesbriefe zu schreiben: »Dem allmächtigen Gott heißen Dank, daß es soweit ist. Ich kann den Gedanken nicht ausdenken, was geschehen hätte können. Was sollte ich auf der Welt ohne Dich, den guten Engel meines Lebens?« Elisabeth antwortete ihrem Gemahl recht liebevoll: »Es tut mir leid, daß ich Dir diesen Schreck machte, aber auf solche Zufälle sind wir ja doch eigentlich immer gefaßt. Es geht mir schon recht gut. Widerhofer [ihr Arzt] ist furchtbar streng, doch so bald als möglich läßt er mich abreisen.«

Ende September fuhr Elisabeth auf Bitten des Kaisers mit Marie Valérie nach Paris, um einer Einladung des Präsidenten der Republik Folge zu leisten. Statt wie vorgeschlagen im Elysée-Palast Quartier zu nehmen, mieteten sie sich im »Hôtel du Rhin« an der Place Vendôme ein. Von hier aus unternahmen Mutter und Tochter zahlreiche Besichtigungstouren durch Museen, Paläste, Kirchen, Gärten und das Schloß in Versailles. Um zu beweisen, daß sie »eines solchen Rumplers wegen« nicht den Mut verloren habe, ritt die Kaiserin an der Seite des Flügeladjutanten, den ihr Franz Joseph nach ihrem Reitunfall zur Seite beordert hatte, vor aller Augen durch den Bois de Boulogne und machte auch vor Sprüngen über Barrieren nicht Halt. Schließlich reiste sie von Paris nach München weiter, während Marie Valérie mit ihrem Gefolge nach Wien zurückkehrte.

Karoline Gräfin Zanardi Landi behauptete im Jahr 1914, es sei nie wirklich zu einem Reitunfall in Frankreich gekommen. Vielmehr habe es sich dabei um eine List gehandelt, um zu verbergen, daß die Kaiserin von einem fünften Kind, dem sogenannten **Mädchen von Sassetôt**, entbunden worden sei. Und diese Tochter, so die Gräfin weiter, sei sie selbst gewesen. Allerdings gab sie das Jahr 1882 als Geburtsjahr an, was im krassen Widerspruch zum Datum des Unfalls steht, der sich am 11. September 1875 ereignete.

Kaiserin Elisabeth und die schönen Künste

Johann Strauß, Richard Wagner und Ferencz Erkel

Darüber, welche Bedeutung der Musik im Leben der Kaiserin zukam, ist nicht allzu viel überliefert. Auf jeden Fall war sie selbst weder Musikerin noch offenbar musikalisch besonders begabt. Wie fast alle höheren Töchter der Zeit spielte sie ein wenig Klavier, und sie zupfte die Zither, das Instrument, auf dem es ihr Vater zu beachtlicher Meisterschaft gebracht hatte. Allerdings wurden viele ihrer Gedichte vertont. Neben dem ›Loserlied‹, das sie anläßlich der Vermählung ihrer jüngsten Tochter in Ischl verfaßt hatte, vertonte Felix Weingartner als opus 89 drei Gedichte der Kaiserin: ›Am Strand‹, ›Grüße‹ und ›Achilleus' Grab‹. Ihr für Marie Valérie bestimmtes Gedicht ›Breite deine Arme aus, Maria‹ wurde sogar mehrfach vertont, als ›Ein Gebet‹, ›Marienlied‹ und ›Ave Maria‹.

Viele schöne musikalische Erinnerungen dürfte die Kaiserin an den Komponisten und Dirigenten Johann Strauß (Sohn) gehabt haben. Beim großen Hofball anläßlich ihrer Vermählung im April 1854 lauschte das Kaiserpaar, unter einem Baldachin aus rotem Samt sitzend, wie »Meister Strauß seine Weisen ertönen« ließ. Elisabeth war ganz in Weiß gekleidet, mit einem neuen Brillantgürtel um die Taille, einem Diadem und einem weißen Rosenkranz im Haar. Auf dem Höhepunkt des Balls waren dann erstmals die von Strauß für die Kaiserin komponierten ›Elisabethklänge‹ zu hören, in die der Meister als Huldigung für das Brautpaar sowohl die Kaiserhymne wie das Bayernlied verwoben hatte. Diese Komposition erschien als opus 154 unter dem beziehungsvollen Titel ›Myrthen-Klän-

45 **Johann Strauß** (1825–1899), Sohn des gleichnamigen »Erfinders des Walzers«, begab sich nach dem Tod seines Vaters mit seiner Kapelle auf zahlreiche Tourneen. Von 1863 bis 1870 wirkte er als Hofballdirektor am kaiserlichen Hof. Berühmt wurde der »Walzerkönig« auch durch seine bis heute vielgespielten Operetten, darunter ›Die Fledermaus‹ und ›Der Zigeunerbaron‹. Gemälde von Franz von Lenbach

46 Die Kapelle von Johann Strauß (Sohn) beim Hofball. Holzstich nach einer Zeichnung von Theodor Zasche, 1893

ge‹ im Druck. Im Lauf der Jahre widmete der Komponist der kaiserlichen Familie zahlreiche seiner Werke, so etwa 1858 seine opus 59 und opus 60, den ›Österreichischen Kronprinzen Marsch‹ und die ›Laxenburger Polka‹, der Mutter und dem Thronfolger Rudolf. Zur Geburt der Erzherzogin Gisela schrieb er seine ›Wiegenlieder‹ opus 18, und viele Jahre später komponierte er zur Hochzeit des Kronprinzen mit Prinzessin Stephanie von Belgien den ›Myrthenblüthenwalzer‹.

Insgesamt gesehen, sind die Kompositionen, die der Kaiserin im Laufe ihres Lebens gewidmet wurden, nachgerade unübersehbar. Elisabeths jüngste Tochter Ma-

47 **Anton Bruckner** (1824–1896) stammte aus bäuerlichen Verhältnissen. 1849 Stifts- organist von St. Florian, gelangte er über Linz nach Wien, wo er zum Professor für Orgel und zum gefragten Orgelvirtuosen avancierte. Unter dem Eindruck von Wagners Opern fand er mit der d-Moll-Messe 1864 zu einem eigenen Stil. Mit seinen Symphonien und späten Messen beeinflußte er v. a. Gustav Mahler.

rie Valérie war jedesmal ganz verzaubert, wenn ihre Mutter bei Hofbällen Johann Strauß (Sohn) engagierte, den Komponisten, der in beiden Reichshälften so beliebt war wie kaum ein anderer.

Unter den ganz großen Zeitgenossen verehrte Elisabeth den Komponisten Anton Bruckner, und Franz Liszt, dem wohl bedeutendsten Pianisten der Zeit, lauschte man in Wien mit ebenso großer Begeisterung wie allerorten. So erklang Liszts ›Krönungsmesse‹ anläßlich ihrer Salbung zur Königin Umgarns – ein Augenblick, den Elisabeth zu den am tiefsten empfundenen ihres Lebens zählte.

Kaiserin Elisabeth besuchte auch Opernaufführungen und schätzte die Musik Richard Wagners. Dieser berichtete am 1. Februar 1863 an Mathilde Maier: »Gerührt hat mich die junge Kaiserin, die ganz allein vom Hofe zwei meiner Conzerte von Anfang bis Ende besuchte: schließlich schickte sie mir neuerdings sogar eine ansehnliche Bezahlung ihrer Loge.« Im Jahr 1878 erwähnte König Ludwig II. Richard Wagner gegenüber einen Besuch der Kaiserin in München zusammen mit dem Kronprinzen Rudolf, »der sehr begabt ist und mit welchem ich befreundet bin; er interesirt sich für Sie und Ihr Schaffen«. So begleitete 1875 die Kaiserin mit ihren Kindern, wie König Ludwig schrieb, die verwitwete Königin-Mutter Marie von Bayern in die Hofoper zur Aufführung von dessen ›Lohengrin‹.

48 Franz Liszt spielt vor der kaiserlichen Familie in der Redoute von Budapest, 18. März 1872. Gemälde von Franz Schams und Karl Lafite

In der bayerisch-herzoglichen Familie gab es einige begeisterte Wagnerianer. Als Marie Valéries Cousine Amélie 1888 beglückt aus Bayreuth über die Wagner-Festspiele berichtete, sah sich die Kaiserin veranlaßt, mit ihrer zwanzigjährigen Tochter ebenfalls dorthin zu fahren. Dieses Mal reiste sie nicht inkognito, sondern ließ sich und ihre Tochter mit vollem Titel in die Fremdenliste eintragen.

Auf dem Programm stand die Oper ›Parsifal‹. Richard Wagners Witwe, Cosima Wagner, damals gerade 50 Jahre alt, nahm an der Aufführung teil. Die Erzherzogin schilderte sie als »eine beeindruckende Dame von hoher Gestalt und würdigem Wesen«. Im ersten Zwischenakt ließ die Kaiserin die »Herrin von Bayreuth« zu sich in die Loge bitten. Cosima erzählte nun der Kaiserin mit Tränen in den Augen, daß sie immer noch große Dankbarkeit dem König von Bayern gegenüber empfinde, denn er habe einst Richard Wagner aller materiellen Sorgen enthoben, so daß dieser Werke schaffen konnte, die nun nicht nur in Bayreuth erklangen. Cosima berichtete der Kaiserin, daß sie mit ihren fünf Kindern einsam und zurückgezogen in der Vergangenheit lebe: »Musik ist mein einziges Glück.« Elisabeth bemerkte daraufhin, daß sie selbst nur selten ins Theater gehe, da ihr das ewige Starren der Menge verhaßt sei. »Ich verstehe das so gut«, erwiderte Cosima Wagner, »und habe

49 **Richard Wagner** (1813–1883) ist der einflußreichste Komponist der zweiten Hälfte des 19. Jahrhunderts. Er trat nicht nur als Komponist, sondern auch als Opernreformer hervor, dessen Vorstellung, mit seinen Opern ein künstlerisches und – in seinem letzten Werk ›Parsifal‹ – sogar weltanschaulich-mystisches Gesamtkunstwerk zu schaffen, die sogenannte ernste Musik bis heute zutiefst prägt. Die meiste Zeit seines Lebens auf der Flucht vor Gläubigern, fand er im Jahr 1864 in Ludwig II. einen ebenso glühenden Anhänger wie bis zum Ende treuen Freund, der ihn auch gegen massiven Widerstand am eigenen Hof förderte und protegierte.

auch den König Ludwig stets begriffen, denn in unserer Zeit ist etwas so Merkwürdiges, undefinierbar Rohes über die Menschen gekommen, daß fast keiner, der feinfühlend ist und Höheres anstrebt, unter ihnen leben kann.«

Marie Valérie schrieb dazu in ihrem Tagebuch: »Sieht man nun eine geistreiche, vornehme, feingebildete Frau wie Cosima – so wird man gewiss ihre Sünden nicht deswegen beschönigen, aber nur jene verachten, die gewiss ihr Benehmen nicht bemäkeln würden, wenn sie eine blitzdumme Fürstin wäre, aber skandalisiert sind, wenn man mit Frau Wagner sprechen kann! … Nach Schluß; Mama war so entzückt, dass sie den Kapellmeister Mottl, wie die Darsteller des Parsifal [von Dyk] und Amfortas [Reichmann] zu sehen wünschte … ihre unpoetischen Erscheinungen nahmen etwas die Illusion … Als Mama sagte, sie möchte das ganze gleich wieder hören, Reichmann: er wäre gleich dabei.« Der Wiener Kapellmeister Felix Mottl war einer der Lieblingsdirigenten Cosima Wagners.

Prinzessin Gisela hatte während ihrer Brautzeit einmal einem Konzert beigewohnt, das Richard Wagner dirigierte. Sie berichtete darüber begeistert an ihren Verlobten Prinz Leopold nach München. Als sehr anstrengend empfand sie einen Opernbesuch in München im September 1895, bei dem sie die rumänische Königin Elisabeth (Carmen Sylva) begleitete. Da diese keinen einzigen Ton der Aufführung von Wagners Oper ›Lohengrin‹ versäumen wollte, mußte Gisela »die ganze Vorstellung aushalten und zwar vom Stimmen der Instrumente an«, so der Kaiser an seine Frau.

Auf ihrer Hochzeitsreise machten Marie Valérie und Franz Salvator auch bei den Münchner Verwandten ihre Aufwartung. Im Hoftheater besuchte die Erzherzogin die Aufführung von Wagners Erstlingswerk ›Die Feen‹ mit dem Bühnenbild

50 Ferencz Erkel (1810–1893) komponierte im Jahr 1844 die ungarische Nationaloper ›Hunyadi László‹ und auch die Nationalhymne seines Landes. Auch er gehörte zu den von Elisabeth besonders geschätzten Komponisten. Fotografie, um 1870

von Carlo Brioschi. Die Uraufführung fand im Juni 1888 – fünf Jahre nach Wagners Tod – in München statt. Marie Valérie fand die Oper »ein sehr langweiliges Stück« – eine Auffassung, die die meisten Kritiker der Uraufführung teilten.

Nur wenige Stunden vor ihrem Tod besuchte Elisabeth in Genf den Musikalienhändler Baecker, um sich das Orchestrion der Adelina Patti anzuhören, eines Instruments, das die Musik eines ganzen Orchesters wiedergab. Zur Demonstration spielte man der Kaiserin Ausschnitte aus den Opern ›Aida‹, ›Carmen‹, ›Rigoletto‹ und ›Tannhäuser‹ vor, letztere war die Lieblingsoper der Kaiserin: »Ich liebe sie mehr als Lohengrin, es liegt in ihrer Musik etwas Mystisch-Fatalistisches wie im Geschicke ihres Helden.« Die Kaiserin erwarb dieses Orchestrion mit 24 Platten für ihre Tochter Marie Valérie und deren Kinder in Schloß Wallsee, denn sie war überzeugt, daß diese Musik sie alle erfreuen würde.

Die dichtende Kaiserin
Der »Meister« Heinrich Heine
Die literarische Freundin Carmen Sylva

Im Jahr 1867 wurden in Hamburg ›Heinrich Heines Sämtliche Werke‹ in 18 Bänden herausgegeben, die sich die Kaiserin alle kaufte. Neben ungarischen Literaten, für die sie sich besonders begeisterte, war nun Heinrich Heine der Dichter, mit dem sie sich immer mehr beschäftigte. Der schon 1856 gestorbene Poet wurde zu mehr als einer literarischen Vorliebe der Kaiserin, er zählte zu ihren großen »geistigen Lieben«.

Als Elisabeth im November 1884 in Gödöllö die rumänische Königin Elisabeth, eine geborene Prinzessin zu Wied, empfing, riet diese der Kaiserin zu dichten, denn das sei für vieles im Leben ein ausgezeichneter Blitzableiter. Die Königin wußte, wovon sie redete: Sie war unter dem Pseudonym Carmen Sylva selbst eine recht erfolgreiche Autorin von Gedichten, Erzählungen und Märchen.

Marie Valérie äußerte sich begeistert über die interessante Königin: »*Die* nennt man einen Blaustrumpf, denke ich mir, als ich die lachenden grossen grünen Augen, die noch mit jugendlicher Frische gefärbten Wangen, die schneeweissen auffallend schönen Zähne betrachte. O Carmen Sylva, wenn Du in den Herzen lesen kannst, dann musst Du wissen, dass die unsrigen von jener Stunde an Dein waren – Dein ohne Rückhalt.«

87

51 Heinrich Heine und seine Frau
Créscence Eugénie (»Mathilde«)
Mirat. Gemälde, um 1850

Auch während ihres Aufenthalts im Frühjahr 1887 im süd-ungarischen Herkulesbad von Mehadia bei Temesvár in den Karpaten verließen Elisabeth die Werke Heines nicht, und sie versenkte sich so in sie hinein, daß sie mit dem toten Dichter seelisch in Verbindung zu treten meinte. Am 28. April stattete ihr die rumänische Königin in Mehadia erstmals einen Besuch ab – der Beginn einer treuen Freundschaft. Dabei kam auch die Sprache auf Heinrich Heine. »Ich bin etwas abgekommen von meiner Bewunderung für ihn, weil manches in seinen Dichtungen mich unsympathisch berührt«, meinte die Köni-gin. Doch sie begriff gut, daß Kaiserin Elisabeth so viel für den Poeten übrig hatte, da sie in ihm einen Dichter sah, der gleich ihr »die Verachtung aller Äußerlichkeiten, die Bitter-keit, aber zugleich den Schalk besitzt, der auch Elisabeth im Nacken sitzt und ihr so oft originelle und überraschende Äußerungen entlockt«. Wie Marie Valérie in ihrem Tagebuch festhielt, hatte die Kaiserin, als sie abends über ihre Ge-spräche mit Carmen Sylva nachdachte, eine Erscheinung: Sie sah ganz deutlich das Profil des Dichters vor sich und hatte »eine angenehme Empfindung dabei, als wollte diese Seele die ihrige losringen aus dem Körper … Der Kampf dauerte ei-nige Sekunden, aber Jehova gestattete der Seele nicht, den Körper zu verlassen.« Die Kaiserin sah in dieser Erscheinung eine »beglückende Bestätigung dafür, daß der Umgang von Heines Seele und der meinen von ihm gestattet sei«.

Tags darauf gingen Elisabeth und Carmen Sylva in den Wäldern der Umgebung spazieren und lernten sich dabei nä-her kennen. Elisabeth schrieb über die rumänische Königin: »Sie ist sehr lieb, unterhaltend, aber sie steht mit den Füssen auf der Erde; sie könnte mich nie verstehen, ich aber sie ja, ich liebe sie. Sie erzählt und fabelt so gern, ihr ist es ein Genuß, und der König ist derart prosaisch, daß geistig ein Abgrund

Heinrich Heine (1797–1856), der lange in Paris lebte und dort auch starb, strebte danach, zwischen Deutsch-land und Frankreich zu vermitteln. Mit seinen ›Reisebildern‹ (1825–1841) hatte er so viel Erfolg, daß er als freier Schriftsteller leben konnte – was nur wenigen zeitgenössischen Literaten gelang. In seinen Gedichten und Pro-sawerken verband er Zauber und Empfindung der Spätromantik mit Witz und Ironie, die er in seinen poli-tischen Schriften zu beißender Schär-fe steigerte, weshalb ihm in Deutsch-land lange die Anerkennung versagt wurde. Sein geistreicher und ironi-scher Prosastil begründete den modernen Feuilletonismus.

zwischen ihnen liegt. Natürlich sagt sie dies nicht so rundweg, doch zog ich es ihr aus den Nasenlöchern.« Carmen Sylva dagegen äußerte sich über die Kaiserin: »Da wollten die Menschen ein Feenkind einspannen in die Qual der Etikette und der steifen, toten Formen, aber Feenkind läßt sich nicht einsperren, bändigen und knechten. Feenkind hat heimliche Flügel, die es immer ausbreitet, und fliegt davon, wenn es die Welt unerträglich findet.« Sie erkannte, daß Elisabeth in nichts die »Anerkennung der Welt« verlangte. Doch die Kaiserin habe eine ungeheure Kraft, die sich gleichsam austoben müsse. Was zuviel da ist, muß sich in Reiten und Gehen, Reisen und Schreiben Luft machen. Alles soviel wie irgend möglich, nur um dem Druck der Verhältnisse zu entrinnen.«

In ihren Gedichten schrieb sich die Kaiserin ihren Kummer von der Seele. Das Dichten war für sie oft eine Art Therapie, wie auch Marie Valérie 1887 in ihrem Tagebuch bestätigte: »Abgesehen von den sie oft erschreckenden, aufregenden Ideen Mamas, ist aber, glaube ich, dieses Dichten ein Glück für sie … ihr eigentümliches Leben, ihre Gedanken beschäftigt die Vergangenheit, ihr Streben die ferne Zukunft: die Gegenwart ist ihr ein wesenloses Schattenbild, ihr größter Stolz, daß niemand ahnt, daß sie eine Dichterin ist.«

Die Kaiserin sah sich als Dichterin ganz in der Nachfolge des glühend verehrten Heine, der am Wiener Hof verfemt und vielleicht gerade dadurch besonders interessant für sie war. Allerdings bemühte sie sich nie um die Publikation ihrer Werke, ganz im Gegenteil: Die Gedichte der Kaiserin waren zu ihrer Zeit kaum jemandem bekannt, und sie erließ die Verfügung, daß sie nicht vor dem 20. Jahrhundert publiziert werden dürften. Dann erst sollte die Öffentlichkeit erfahren, wie sie über die Menschen und die Ereignisse ihrer Zeit dachte und fühlte.

Sie war eine Natur, die kein Leid überwinden konnte. Es bleibt tief und ewig, wie in einem Brunnen. Das kleine Töchterchen, bei dessen Tod sie gefehlt, wie blieb der Schmerz so heiß und ungetröstet, und wie schossen ihr Tränen in die Augen und Glut in die Wangen, wenn sie nur von fern daran rührte.

Carmen Sylva in ›Die Kaiserin Elisabeth in Sinaia‹. Die Stelle belegt, daß die Gemahlin König Carols I. von Rumänien (Karl von Hohenzollern-Sigmaringen) die österreichische Kaiserin besser kannte, als diese es wahrhaben wollte.

Mit welchem Eifer Elisabeth schrieb, wird deutlich, wenn man sich vor Augen führt, daß sie bei ihrem oben erwähnten Kuraufenthalt in den südungarischen Herkulesbädern 1887 nicht nur zahlreiche Gedichte verfaßte, sondern daß viele davon auch recht umfangreich sind: Eines davon hat sogar 99 Strophen! Direkt im Anschluß an diesen Aufenthalt begab sich Elisabeth zum Sommerschloß Pelesch, drei Eisenbahnstunden von Bukarest in völliger Einsamkeit in einem Karpathenthal an der Stelle des Klosters Sinaia gelegen, um ihrerseits der Einladung des rumänischen Königspaares Folge zu leisten.

Als Carmen Sylva eines Tages im Gespräch gegenüber Elisabeth sagte: »Deine große Schönheit hilft dir nicht und nimmt dir keine Schüchternheit fort«, antwortete diese in seltener Offenheit über sich selbst: »Ich bin nicht schüchtern, es langweilt mich nur! Da hängt man mir schöne Kleider um und vielen Schmuck, und dann trete ich hinaus und sage den Leuten ein paar Worte, und dann eile ich in mein Zimmer, reisse das ab und schreibe, und Heine diktiert mir.«

Kaiser Franz Joseph stand der Freundschaft seiner Frau mit der rumänischen Freundin verständnislos gegenüber. Auch Elisabeths Verehrung Heines betrachtete er als »Wolkenkraxeleien« – eine Haltung, der die Kaiserin mit Spott begegnete.

Immer wenn sich die Kaiserin dem Dichter sehr nahe fühlte, von ihm träumte oder gar mit ihm auf spiritistische Weise in Verbindung treten wollte, schrieb sie ihrem »Meister« persönliche Gedichte:

An meinen Meister
Ich eil' ins Reich der Träume,
Mein Meister, da bist Du,
Es jubelt meine Seele
Begeistert schon Dir zu.

Mein Zauberthal (an Carmen Sylva. 29. April)
Du stilles Thal, der Nixe Hort,
Du zaubrisch schöner Feenort …
Hier war's, wo ich im Walde fand
Das Lied Carmen Silva genannt;
Drum grüss' ich Dich viel tausendmal
Mein Zauberthal! Mein Csernathal!
Über das Zusammentreffen mit Carmen Sylva am 29. April 1887

Dein Geist hat mich geleitet,
Beherrscht den ganzen Tag;
Ich fühlt', wie er gebreitet
Auf meiner Seele lag.

Er drang mit goldenen Worten
Bis in mein tiefstes Sein,
Und in mein Hirn da bohrten
Sich seine Lehren ein.

Auf schneebedeckten Pfaden
Ging ich wohl stundenlang;
Und welche Reize hatten
Für mich doch Steig und Hang!

Du warst ja mein Begleiter,
Hast mir so viel gesagt;
Ernst klang es oft, oft heiter,
Hab' stets es heimgebracht.

Doch lange jeden Abend
Steh' ich vor Deinem Bild,
Es ist mein Herz begrabend,
Dass es die Qual dort stillt.

Und nun ins Reich der Träume!
Nur da ist endlich Ruh'
Für meine arme Seele;
Denn, Meister, das bist Du!

Im Jahr 1895 stattete das rumänische Königspaar dem österreichischen Kaiserpaar in Ischl einen Besuch ab. Bei dieser

52 Königin Eli-
sabeth von
Rumänien
(1843–1916), die
unter dem
Pseudonym
Carmen Sylva
schrieb. Foto-
grafie, um 1895

Gelegenheit kam die Sprache auch auf den tragischen Tod des Kronprinzen. Auf Carmen Sylvas vorsichtige Frage, ob sich Elisabeth noch manchmal gegen das Schicksal auflehne, antwortete diese mit dem bedeutungsschweren Satz: »Nein, ich bin von Stein.«

Carmen Sylva legte 1901 bei einem Besuch in Wien eine Handvoll Edelweiß und ein Gedicht auf Elisabeths Sarg. Und zu Weihnachten 1906 beschrieb sie den Lesern der ›Neuen Freien Presse‹ noch einmal die Frau, die ihr so viel bedeutet hatte: »Es war alles groß an dieser Frau, ihr Gang, ihr Haar, ihre Gedanken, ihr Blick, der Klang der tiefen, weichen Stimme, die so verhalten war, als wären Wellen der Leidenschaft dahinter. Ich habe nie lesen mögen, was andere über sie geschrieben haben. Ich wollte meinen eigenen Eindruck von ihr ungestört behalten und meinen Schwarm nicht geschmälert haben durch anderer Leute Auffassungen.«

Der Tod in Mayerling
Selbstmord des Kronprinzen Rudolf

Kronprinz Rudolf, der die Begeisterung seines kaiserlichen Vaters für das Militär in keiner Weise teilte, mußte dennoch die von allen Erzherzögen erwartete soldatische Ausbildung durchlaufen. Die Interessen des intelligenten und feinsinnigen Kronprinzen lagen auf ganz anderen Gebieten. Früh schon ließ er eine schriftstellerische Begabung erkennen. Außerdem interessierte er sich für Naturwissenschaften, besonders für Vogelkunde. Zusammen mit dem Naturforscher Alfred Brehm unternahm er 1878 eine Fahrt in die südungarischen Auen, und er verfaßte für die zweite Auflage von Brehms »Thierleben« drei vogelkundliche Aufsätze. So waren Rudolfs Ehrenmitgliedschaft an mehreren Universitäten sowie die Ehrendoktorwürde nicht nur die üblichen politischen Dekorationen, sondern entsprachen durchaus seinen Neigungen und Fähigkeiten. Schließlich unternahm er 1880 mit dem Ägyptologen Heinrich Brugsch eine Reise in den Vorderen Orient und veröffentlichte einen Band mit seinen Erinnerungen an diese Expedition.

Doch dem Wiener Hof waren die Wissenschaftler, die Rudolf so schätzte, äußerst suspekt: Viele von ihnen gehörten den Freimaurern an. Es gibt gute Gründe anzunehmen, daß auch der Kronprinz zu einer Freimaurerloge gehörte, mit letzter Sicherheit ist das allerdings bis heute nicht zu entscheiden.

Rudolf, der dank seiner von Elisabeth durchgesetzten relativ liberalen Erziehung zu einem weltoffenen Intellektuellen

Die Mitglieder der **Freimaurer**, einer im 18. Jahrhundert in England entstandenen Bewegung, verpflichten sich dazu, nach den Zielen der Wahrheit, Menschenliebe, Selbstkritik und Duldsamkeit zu streben. Obwohl viele Geistes- und politische Größen zu den Freimaurern zählten oder ihnen nahestanden (Friedrich II., Blücher, Hardenberg, Lessing, Goethe, Haydn, Mozart u. v. a.), wurden die Logen immer wieder verdächtigt, ein Weltbund mit dem Ziel der Weltrevolution und der Weltrepublik sowie der Abschaffung der Standesunterschiede zu sein – Ideen, die vor allem Franz Joseph zutiefst ablehnte.

53 Elisabeth, Franz Joseph und das Kronprinzenpaar im Laxenburger Schloß-
garten. Gemälde von Karl Schwendinger d. Ä., 1887

geworden war, begann, gegen Konservatismus, Klerikalismus,
religiöse Intoleranz und Nationalismus zu schreiben. Die Tragik seines Lebens lag jedoch darin, daß seine Auffassungen
denen des Vaters diametral entgegengesetzt waren und der
Kaiser ihn daher von jedem politischen Einfluß fernhielt. Seine Mutter bemerkte ihrerseits viel zu spät, wie sehr ihr Sohn
unter den Einengungen des Hoflebens litt – obwohl sie sich
gerade in dieser Hinsicht sehr ähnelten.

Im Alter von 22 Jahren ging Rudolf nach Brüssel auf Braut-
schau: »Ich schwelge in Glück und Freude. Was ich gesucht,
habe ich gefunden, einen treuen, guten Engel«, schrieb er im
März 1880 aus Belgien an Graf Wilczek. Der »gute Engel« war
die am 21. Mai 1864 als Tochter des belgischen Königs Leo-

54 **Prinzessin Stephanie von Belgien** (21. Mai 1864–23. August 1945)
wurde 1881 Kronprinzessin von
Österreich. Im Januar 1889 verwitwet,
heiratete sie am 22. März 1900 den
ungarischen Grafen Elémar Lónyay.
Fotografie aus den 1880er Jahren.

pold II. geborene Prinzessin Stephanie. Und seiner Vertrauten aus Kindertagen, Leopoldine Nischer, genannt »Nono«, berichtete Rudolf ebenfalls aus Brüssel: »Ich bin sehr glücklich und hoffe in Stephanie eine gute, liebende Lebensgefährtin, eine treue Untertanin Ihres Herrn und Kaisers und eine warme Patriotin, eine ächte Österreicherin gefunden zu haben.« Die kindhafte Prinzessin war damals allerdings körperlich noch nicht reif für die Ehe. Nachdem Kaiserin Elisabeth von der Verlobung ihres Sohnes in England erfahren hatte, begab sie sich auf ihrer Rückreise nach Österreich für kurze Zeit an den Hof in Brüssel.

Die offizielle Verlobung fand am 10. März 1880 statt, im folgenden Jahr dann mit großer Prachtenfaltung die Hochzeit in Wien. Die Kronprinzessin wurde allerdings wenig freundlich in die kaiserliche Familie aufgenommen. Die damals gerade dreizehnjährige Marie Valérie urteilte über sie: »Der ›moralische Schwerstein‹, wie kann Rudolf diese kalte höhnische weltliche Frau so lieben. Mama fürchtet, dass sie, statt von ihm gehoben und veredelt zu werden, ihn mehr und mehr herunterzieht zu sich. Es ist traurig.« Die Kaiserin brachte ihre Abneigung in Gedichtform zum Ausdruck:

Obr'on ei! zu Deiner Rechten
Welch ein mächtig Trampeltier,
Statt der langen blonden Flechten
Siehst du blondes Fell jetzt hier …

Die ersten Jahre der Ehe des Kronprinzenpaares wurden – allen Unkenrufen zum Trotz – recht glücklich. Im Jahr 1883 wurde ihr erstes und einzi-

55 Kronprinz Rudolf mit Familie, 1880. Erzherzogin Elisabeth, genannt Erzsi (1883–1963), das einzige Kind des Kronprinzenpaares, heiratete 1902 Prinz Otto Windischgraetz. Nach ihrer Scheidung 1924 ging sie eine Lebensgemeinschaft mit dem Sozialdemokraten Leopold Petznek ein, den sie 1948 heiratete.

ges Kind geboren. Als das kleine Mädchen statt des erhofften Jungen und Thronfolgers zur Welt kam, fuhren die Kaiserin und Marie Valérie sofort nach Laxenburg. Rudolf hatte sich mit der Tochter abgefunden – »Es macht nichts – eine Tochter ist ja viel herziger.« –, während Elisabeth, nach der das Kind bei der Taufe am 5. September benannt wurde, den Säugling »nicht grauslich« fand.

In den Wochen vor Marie Valéries Verlobung am 24. Dezember 1888 kam es zu einigen Differenzen zwischen Rudolf einerseits und seiner Schwester und seiner Mutter andererseits. Da Rudolf dem Glück seiner kleinen Schwester letztlich nicht im Wege stehen wollte, überwand er seine Vorbehalte und stimmte der Verlobung zu. Die Bitte der Kaiserin, gut zu Marie Valérie und ihrem Mann zu sein, wenn sie einmal von ihm abhängig sein würden, schwor er zu erfüllen, woraufhin seine Mutter auf ihn zueilte, ihrem Sohn das Kreuzzeichen auf die Stirn machte und sagte: »Der liebe Gott wird dich dafür segnen und es wird dir Glück bringen. Du bist ja doch mein Sohn, und ich liebe dich so.« Diese Episode ist eine der wenigen, in denen das sonst recht distanzierte Verhältnis zwischen Rudolf und Elisabeth herzlich erscheint. Am Heiligabend, der auch der Geburtstag Elisabeths war, überreichte Rudolf seiner Mutter ein liebevoll ausgesuchtes Geschenk: ein Bändchen mit Heine-Briefen.

Mögen dieses Weihnachtsfest und die Verlobung von Marie Valérie auch sehr harmonisch gewesen sein, so war im Haushalt des Kronprinzenpaares die Familienidylle längst zerbrochen. Während der Kronprinz mit Journalisten und bürgerlichen Wis-

96

56 Erzherzog Rudolf, Kronprinz von Österreich-Ungarn. Portraitaufnahme im Jahr vor seinem Freitod, 1888

senschaftlern verkehrte, widmete sich Stephanie den Pflichten der Repräsentation, bei denen sie im Mittelpunkt stand. Zu den grundlegend verschiedenen Interessen gesellte sich bald eine berechtigte Eifersucht, wobei die Eheleute ihre Kontroversen des öfteren in der Öffentlichkeit austrugen. Eine Scheidung war für einen Angehörigen des Erzhauses jedoch nahezu unmöglich. Dazu kam, daß Stephanie kein Kind mehr bekommen konnte. Ihr Mann hatte sich durch eine Vielzahl kurzzeitiger Affären im Jahr 1885 mit Gonorrhöe infiziert und die Kronprinzessin angesteckt, mit der Folge, daß sie unfruchtbar wurde.

Seit 1886 war Mizzi Caspar, eine Soubrette, die Begleiterin des Kronprinzen. Mit ihr und seinem »Leibfiaker« Josef Bratfisch besuchte er häufig die kleinen Heurigenlokale am Rand von Wien, um sich dort zu amüsieren und seine physischen und psychischen Probleme mit Hilfe von Alkohol und Drogen zu vergessen. Bereits in diesen Jahren machte Mizzi Caspar dem Wiener Polizeipräsidenten davon Mitteilung, daß der Kronprinz immer öfter von Selbstmord sprach.

Im Laufe des Jahres 1888 lernte Rudolf die gerade 17 Jahre alte Baronesse Mary Vetsera kennen. Bekannt ist, daß ab November 1888 Rudolfs Cousine, Gräfin Marie Luise Larisch, als Kontaktperson auftreten mußte, da Marys Mutter Helene Vetsera versuchte, jeglichen Kontakt ihrer Tochter mit dem Kronprinzen zu unterbinden. Dabei manövrierte sich Gräfin Larisch in die Rolle der Kupplerin hinein, die ihr das Kaiserhaus nie verzieh. Rudolf aber hatte in Mary Vetsera eine ihm vollkommen ergebene Frau gefunden, die sogar

97

57 Baronesse Mary Vetsera (1871–1889), die Kronprinz Rudolf in den Tod begleitete. Aufnahme von 1888

58 Außenansicht des Jagdschlosses Mayerling. Holzstich von 1889

bereit war, ihm in den Tod zu folgen. Am Vorabend seines Selbstmordes nahm er noch an der Soiree zum Geburtstag des deutschen Kaisers teil, die anschließende Nacht verbrachte er bei Mizzi Caspar.

Schloß Mayerling war das Ziel eines »Jagdausflugs« des Kronprinzen, zu dem er Prinz Philipp von Coburg und Graf Joseph Hoyos einlud. Mary Vetsera gelang es, aus der elterlichen Wohnung zu entkommen und den Kronprinzen auf seiner Fahrt nach Mayerling zu begleiten. In der Nacht zum 30. Januar erschoß

59 Aus dem Abschiedsbrief Rudolfs an Kronprinzessin Stephanie. Er trägt ihr letzte Grüße auf.

60 Erste Aufbahrung der Leiche ▶ Rudolfs in den kronprinzlichen Zimmern der Hofburg am 31. Januar 1889. Am Totenbett trauern Kaiser Franz Joseph, Kronprinzessin Stephanie und Kaiserin Elisabeth. Holzstich von 1889 nach einer Zeichnung von Theodor Breidwiser

Rudolf zunächst die junge Geliebte und am Morgen des folgenden Tages sich selbst. Um Franz Joseph, der noch am 28. Januar eine heftige Auseinandersetzung mit Rudolf gehabt hatte, die Nachricht vom Tod seines Sohnes schonend beizubringen, teilte man ihm zunächst mit, Rudolf sei durch Mary Vetsera vergiftet worden. Danach nahm man Zuflucht zu der Erklärung, die auch die erste amtliche Mitteilung über den Tod des Kronprinzen werden sollte: Sie besagte, Rudolf sei in Mayerling einem Herzschlag erlegen. In der Öffentlichkeit fand diese Erklärung allerdings keinen Glauben. Die Spekulationen blühten – und blühen bis heute: Von politischem Mord war die Rede, von einem ausländischen Komplott oder aber von einem Doppelselbstmord. An Herzschlag glaubte niemand.

Der Selbstmord des Thronfolgers erschütterte die kaiserliche Familie tief. Marie Valérie zweifelte daran, ob sie nach diesem schrecklichen Unglück ihr Tagebuch noch weiterführen solle. Von ihr stammt ein Bericht über die ersten Stunden nach der Todesnachricht: Als sie gerade beim Packen gewesen sei, da eine Reise nach Ofen für den nächsten Tag bevorstand, wurde sie zu ihrer Mutter gerufen. Sie eilte ganz ahnungslos und fröhlich zu ihr, die sich in Valéries Schlafzimmer aufhielt, setzte sich auf Elisabeths Schoß, die ihr stockend erklärte, daß Rudolf hoffnungslos krank, daß eigentlich das

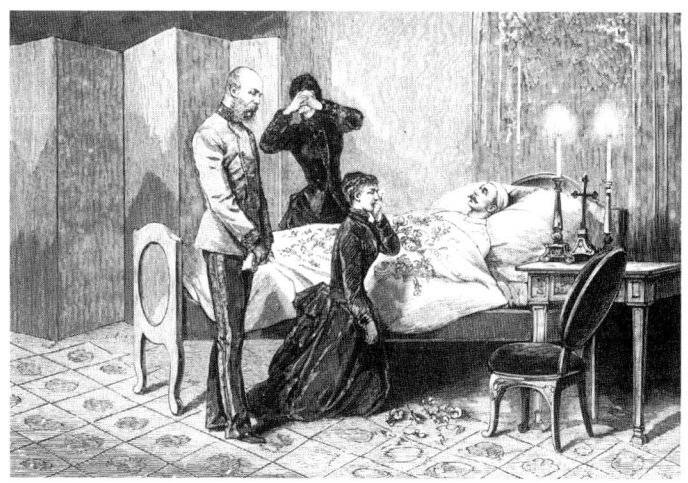

Schlimmste passiert sei. In Marie Valéries eigenen Worten: »Ich weiss nicht, warum ich sagte: ›Hat er sich umgebracht??‹ Und wie dann Mama so erschreckt frug, warum ich das glaube, da wusste ichs. Wir knieten nieder, aber ordentlich beten kann man nicht in solchen Augenblicken. Mama sagte, ich solle ruhig sein wie sie, wegen Papa.« Elisabeth hatte Franz Joseph die Todesnachricht selbst überbracht. Kurz darauf kam der Kaiser in Marie Valéries Zimmer. »Wie weh es tut, ihn anzusehen, können Worte nicht sagen; ich fiel ihm um den Hals wir drei hielten uns umschlossen und weinten und sein heldenhaftes Beispiel hielt Mama und mich aufrecht. Ich wurde nun zu Stephanie geschickt, sie herüberholen ... Mama war sublime mit ihr, liebend und fast mütterlich, ohne Bitterkeit.«

Habsburgs letzte Hoffnung, der einzige Sohn unserer armen Eltern, mein armer Bruder, der schlimme »Nazi« meiner Kindheit tot – tot ... Ich legte ihm Blumen auf das Bett und machte ihm das Kreuz auf die Stirn. ... Mama sagte, sie sei zu alt und müde zu kämpfen, ihre Flügel seien verbrannt und sie begehre nur Ruhe.

Marie Valérie in ihrem Tagebuch am 31. Januar 1889

Der deutsche Kaiser Wilhelm und zahllose Herrschaften hatten zur Beerdigung kommen wollen, aber Kaiser Franz Joseph war dazu bewogen worden, alle größeren Veranstaltungen abzusagen. Trotzdem erschienen die drei Brüder der Kaiserin, eine unerwünschte Überraschung, die der Kaiserin ihre Ruhe raubte. Voll Entrüstung fragte sie Carl Theodor, warum sie gekommen seien, und brach dann in Klagen aus. Elisabeth war so untröstlich, daß neben ihrer Tochter Marie Valérie auch deren Bruder ihr wie »einem Kinde zusprechen mußte«. Erst mit dem Tod des Sohnes war ihr bewußt geworden, was sie selbst an ihm versäumt und wie wenig Liebe und Aufmerksamkeit er von ihr erhalten hatte.

Endlich kam die völlig fassungslose Gisela mit Leopold aus München. Sie erfuhren erst jetzt die volle Wahrheit über Rudolfs Tod. Gisela ließ sich gleich zu ihrem toten Bruder führen, mit ihr zusammen Stephanie, die man förmlich in das Zimmer zerren mußte.

Rudolf hatte für seine Frau, seine Mutter und für Marie Valérie einen Abschiedsbrief hinterlassen; dem Vater gegenüber fühlte er sich nicht würdig, einen solchen zu schreiben. Elisabeth trug diesen Abschiedsbrief fortan stets bei sich. Sie hatte ihrer Hofdame Irma Sztáray das Versprechen abgenommen, den Brief zu vernichten, wenn ihr selbst etwas zustoßen würde. Auch ein Amulett mit einer Haarlocke ihres Sohnes trug Elisabeth seither stets an ihrer Halskette.

Marie Valérie grübelte ständig über ihren unglücklichen Bruder nach. Was mochte in seiner Seele vorgegangen sein, bis er sich zu diesem Selbstmord durchgerungen hatte? Die fast überirdische, fromme, klaglose Ergebenheit des Vaters, der starre Schmerz der Mutter, die in ihrem Glauben an Vorbestimmungen meinte, es sei ihr »baierisch-pfälzisches Blut«, das den Sohn in den Tod getrieben habe.

Die gestrige Eröffnungsfeier war sehr traurig. Wieder so prachtvoll und feierlich aufzutreten! Die letzte ähnliche Feier war mit Nazi beim Maria-Theresia-Monument. Alles erinnert mich an diesen Tag, Gesang, Hymne, genauso war es.

In einem Brief an Marie Valérie nach der
Eröffnung der Millenniumsfeier in Budapest am 2. Mai 1890

Im Jahr 1890, ein Jahr nach dem Tod des Kronprinzen, fuhr Marie Valérie mit ihren Eltern zum erstenmal nach Mayerling. Sie fühlten sich wie in einem schweren Traum. Niemand weinte. Um wenigstens einen gewissen Abstand von dem furchtbaren Unglück zu bekommen, reiste das kaiserliche Paar für einige Zeit nach Ungarn, wo jede Öffentlichkeit gemieden wurde. Nur einmal noch wollte sich die Königin ihren geliebten Ungarn zeigen, obwohl es ihr ein schweres Opfer war. So traf sie am 30. April in Budapest ein und eröffnete am 2. Mai – an der Seite des Kaisers und Königs und stürmisch begrüßt – die Millenniumsausstellung. Einige Tage später fand der feierliche Millenniumsempfang des ungarischen Reichstages statt. Ein Diplomat beobachtete voll Mitgefühl die ungarische Königin: »Dort sitzt sie im Thronsaal der königlichen Burg in ihrem schwarzen, mit Spitzen durchwirkten ungarischen Gewand. Alles, alles an ihr ist düster. Von dem dunklen Haar wallt ein schwarzer Schleier herab. Haarnadeln schwarz, Perlen schwarz, alles schwarz, nur für das Antlitz marmorweiß und unsagbar traurig ... Eine Mater dolorosa.« Elisabeth legte ihre Trauerkleidung bis zu ihrem Lebensende nicht mehr ab.

Katharina Schratt,
die »cœur dame« des Kaisers

Es war die Kaiserin selbst, die eine Verbindung zustande-
brachte, die fast 30 Jahre lang währen sollte: die Freundschaft des Kaisers mit der Schauspielerin Katharina Schratt.
Franz Joseph selbst bezeichnete Elisabeth und die Schratt als
seine »beiden Schutzengel«. Und alle Welt wußte es, ein Ge-
heimnis war nicht zu lüften. Für die ruhelos umherreisende
Elisabeth bedeutete es offenbar eine Art Beruhigung zu wissen, daß ihrem Mann eine »Seelenfreundin« zur Seite stand.
Fand der Kronprinz die auf Wunsch seiner Mutter entstande-
ne Liaison seines Vaters nur sehr merkwürdig, so litt Marie
Valérie förmlich darunter. Die ersten Eintragungen in ihrem
Tagebuch über Katharina Schratt sind noch recht naiv; dies
änderte sich jedoch, als sie ihren zukünftigen Mann, dem Erzherzog Franz Salvator, kennenlernte, der sich deutlich gegen
dieses Verhältnis aussprach. Schließlich sollten ihre Kinder
später dem Großvater nicht in dieser »unwürdigen Situation«
begegnen.

Franz Joseph und Elisabeth hatten die junge Schauspielerin
erstmals am fünfundzwanzigjährigen Regierungsjubiläum des
Kaisers im Dezember 1873 im Wiener Hoftheater auftreten sehen. Katharina Schratt war am 11. September 1853 in Baden
bei Wien geboren. Eine sich anbahnende Verlobung mit dem
Schauspielerkollegen Alexander Girardi löste die Sechsundzwanzigjährige, um einige Engagements im Ausland über-
nehmen zu können. Nach ihrer Rückkehr nach Wien gelang

> Eine Neue namens Schratt mach-
> te die Lorle, sie ist wunderschön,
> aber nicht so lieb wie die Wes-
> sely.
>
> *Marie Valérie in ihrem*
> *Tagebuch am 27. November 1883*

ihr dann der Karrieresprung ans kaiserlich-königliche Hoftheater.

Zu einem ersten Treffen zwischen der kaiserlichen Familie und der Schauspielerin kam es 1883 auf dem Industrieball in der Wiener Hofburg. Bei dieser Gelegenheit, behauptete der Hofklatsch, habe sich der Kaiser besonders lang und auffällig mit Katharina Schratt unterhalten. Im Mai des Jahres 1886 gelang es der Kaiserin unter Wahrung aller erdenklichen Form, den Kaiser dazu zu animieren, mit ihr dem Atelier des Hofmalers Heinrich von Angeli einen Besuch abzustatten. Dort saß gerade Frau Schratt dem Maler Modell – den Auftrag dazu hatte Elisabeth gegeben, die dem ahnungslosen Kaiser das Gemälde schenken wollte. Zwei Tage später schickte Franz Joseph der Schauspielerin einen Smaragdring als Dank dafür, daß sie sich der Mühe unterzogen hatte, dem Maler Portrait zu

sitzen. Damit begann ein fast rührender Briefwechsel zwischen den beiden. Wenige Monate später, im Sommer 1886, besuchte Franz Joseph Katharina Schratt zum erstenmal in der »Villa Frauenstein« bei St. Wolfgang im Salzkammergut, ein Besuch, den er bis 1888 noch oft wiederholen sollte.

Erstaunlicherweise stattete auch die Kaiserin zusammen mit der inzwischen achtzehnjährigen Marie Valérie kurz darauf der Schauspielerin einen Besuch ab: »Nachmittags

62 Die Schauspielerin **Katharina Schratt** wurde am 11. September 1853 als Tochter eines Kaufmanns in Baden bei Wien geboren. Franz Joseph sah sie erstmals im Dezember 1873 bei einem Auftritt im Hofburgtheater in Wien, wo sie ab 1883 fest engagiert war. Ihre von Elisabeth entschieden geförderte Liaison mit dem Kaiser hatte bis über den Tod der Kaiserin hinaus Bestand und zerbrach schließlich nicht zuletzt am Ehrgeiz der Schauspielerin, die Frau des greisen Monarchen zu werden. Sie starb am 17. April 1940 in Wien. Gemälde von Franz Matsch, um 1895

fuhren Mama und ich nach Wolfgang von wo wir nach Frauenstein gingen. Die schöne junge Schratt wohnt dort; sie zeigte
uns das hübsche Haus, das sie gemietet ... herzig und natürlich und sprach sehr unburgtheaterlich furchtbar wienerisch.
Mit Geld, das wir von Frau Schratt ausgeliehen, fuhren wir
zu Dampfschiff zurück.« Da Elisabeth ohne ihre Hofdame unterwegs gewesen war, hatte sie kein Geld bei sich.

Im Januar 1887 schrieb Franz Joseph an Katharina Schratt,
daß er sie erneut in der Rolle des Lorle bewundert habe. Marie
Valérie, die ihn begleitet hatte, habe »gegen Ende unaufhörlich
geweint, so ergriffen war sie. Da ich von Valérie spreche, muß
ich Ihnen doch erzählen, daß sie neulich eine ganze Sammlung
von Photographien von Ihnen aus dem Atelier Adèle entdeckt
und mir geschenkt hat.« Im März des gleichen Jahres begegnete die Kaiserin mit Marie Valérie der Schauspielerin auf der Pro-
menade in Schönbrunn. Die Schratt eilte mit Veilchensträuß-
chen auf die beiden zu, da am 1. März überreichte Veilchen als
Glücksbringer galten. Um der »cœur dame« dafür ihre Dankbarkeit zu erweisen, gingen die Kaiserin und ihre Tochter am
selben Abend in den 1. Akt des ›Hüttenbesitzers‹.

Zu Weihnachten 1888 schenkte Marie Valérie dem Kaiser
die neueste Fotografie der Schauspielerin. Sie wußte, sie
konnte ihm damit eine Freude bereiten. Elisabeth gab erneut
ein Portrait in Auftrag, diesmal bei Franz Matsch, der Katharina als »Frau Wahrheit« aus einem beliebten Lustspiel in des
Kaisers Lieblingsrolle darstellte. Dieses Gemälde verehrte Elisabeth ihrem Mann zu Weihnachten.

Am 1. August 1888 lud der Kaiser Katharina Schratt ein, am
folgenden Samstag zur Kaiserin nach Ischl zu kommen. Nach
einem Aufstieg auf den Jainzen würde sie danach zu einem
»gouter« in der Kaiservilla empfangen. Marie Valérie dazu:
»Nachmittags zeigten Mama, Papa und ich der Frau Schratt

Von den schönen Veilchen, welche Sie am 1. März der Kaiserin und Valérie schenkten, habe ich auch meinen Antheil bekommen, denn Valérie
schickte mir einige in Papier getrocknet, die noch hier den frischesten
und herrlichsten Geruch verbreiteten.
Kaiser Franz Joseph aus Ofen an Katharina Schratt, 21. März 1887

den Garten … sie ist wirklich einfach und sympathisch, aber
doch habe ich eine Art Groll, obwohl sie ja nichts dafür kann,
dass Papa diese Freundschaft für sie hat, aber die bösen Menschen reden davon und können nicht glauben, wie kindlich
Papa diese Sache auffasst, wie rührend er auch hier ist. Aber
von ihm sollte man eben nicht einmal reden – das tut mir leid
und ich finde, Mama hätte darum diese Bekanntschaft nicht
so unterstützen sollen.« – Marie Valéries Töne wurden deutlich kritischer. Elisabeth wich jedoch nicht von ihrer Linie ab,
die Schauspielerin immer fester in die Familie einzubinden.
Nach dem Tod des Kronprinzen führte die Kaiserin selbst die
Schratt zum Kaiser, damit auch sie ihn tröste. Überhaupt hatte die Vertrautheit der Kaiserin mit der Geliebten ihres Mannes teilweise geradezu groteske Züge. So sandte sie beispiels-
weise einmal zu Weihnachten ihrer Tochter und Katharina
Schratt das gleiche Geschenk: eine schwarze Madonna.

Elisabeth lud die Künstlerin immer wieder nach Schloß
Schönbrunn ein. Sie war es auch, die die ersten Treffen zwischen Franz Joseph und der Schratt in der Wohnung Ida Feren-

63 Auch in die Kaiservilla in Ischl wurde Katharina Schratt eingeladen. Abge-
bildet ist das Arbeitszimmer Kaiser Franz Josephs.

czys in der Hofburg arrangierte. Der Eingang des Appartements wurde, anders als die der kaiserlichen Gemächer, nicht von Lakaien bewacht, so daß der Kaiser sich durch die verwinkelten Gänge zur Wohnung der Hofdame schleichen konnte. Doch damit nicht genug. Elisabeth ermöglichte es Katharina Schratt auch, die Privaträume des Kaisers zu besichtigen.

Der Kaiser zeigte sich seiner Freundin gegenüber sehr großzügig. Zu der kleinen Villa unweit von Schloß Schönbrunn kam noch ein Stadtpalais. Im Jahr 1889 zog Katharina Schratt nach Ischl, denn dort hatte ihr der Kaiser die »Villa Felicitas« in unmittelbarer Nähe des Kaiservilla geschenkt. Er verehrte ihr nicht nur reichlich Schmuck, Kleider und Möbel, sondern stellte ihr auch eine ansehnliche Jahresapanage von etwa 30 000 Gulden zur Verfügung. Auch die hohen Kosten für ihre Bühnengarderobe übernahm ihr Liebhaber, ja selbst ihre nicht unerheblichen Spielschulden bezahlte er.

Am 2. Juni 1889 vermerkte Marie Valérie in ihrem Tagebuch: »Papa freut sich auf einen Spaziergang, zu dem Mama die Schratt einlädt, … fand aber nicht passend, dass Franz dabei sei.« Ihr Vater beauftragte sie, ihren ahnungslosen Bräutigam über das Verhältnis aufzuklären. Diesem war es sichtlich unangenehm, denn »er drehte verlegen an einen Faden und sagte kein einziges Wort«. Marie Valérie selbst hatte inzwischen einen gewissen Groll gegen Frau Schratt entwickelt, vielleicht, wie sie sich zerknirscht eingestand, weil diese Schauspielerin war. Ihr Verlobter meinte dagegen, »ob sie eine Schauspielerin, ein Balettmädel, oder eine Fürstin X. Y. ist, bleibt sich ganz gleich, wenn sie eine anständige Person ist – … und an der Sache ist ja auch nichts – aber – aber wenn man mir davon spricht, dann kann ich nicht sagen: nein! – Und vom Kaiser soll man nicht sprechen.« Franz biß die Lippen fest aufeinander und schwieg, wirkte allerdings sehr erregt. Marie Valérie:

Wie schwer es auch Franz Joseph fiel, die Intentionen seiner Frau zu verstehen, mag folgendes Geständnis an Katharina Schratt deutlich machen: »Sie sagen, daß Sie sich beherrschen werden, auch ich werde es thun, wenn es mir auch nicht immer leicht wird, denn ich will nichts Unrechts thun, ich liebe meine Frau und will ihr Vertrauen und ihre Freundschaft für Sie nicht missbrauchen?«

»O, wenn Papa diese Szene geahnt hätte, wie würde das sein Herz zerreissen. O, warum hat Mama die Sache selbst so weit getrieben! Wir beklagten es zusammen ... aber ändern kann und darf man jetzt natürlich nichts daran, ich muss obwohl es Franz peinlich ist, wieder mit ihr zusammenkommen und darf mir nichts anmerken lassen.«

Als Marie Valérie am 5. November 1889 nach Gödöllö kam, erfuhr sie von ihrem Vater, daß die Schratt Scharlach und er sie in Hietzing besucht habe. »Mein Entsetzen, als Papa mir sagt, er habe alles Mama geschrieben! Wissend wie Mama sich darüber ängstigen würde, beschwor ich Papa den Brief zurückzufordern ... Er willigte ein.«

Zur gleichen Zeit hielten sich auch Gisela und Leopold in Gödöllö auf. Als Marie Valérie sagte, daß »Mama im Umgang mit Papa mehr Bitterkeit als Trost empfinde, weil sie so ganz verschieden seien, sagte Gisela, es gehe ihr gerade so mit Leopold. Dieser wiederum fand die Schrattsache ›sehr natürlich‹ und fügte hinzu, daß Franz ›halt noch gar so unschuldig‹ sei.« Doch für die junge Kaisertochter wurde das Verhältnis ihrer Eltern zur Schauspielerin immer unnatürlicher: »Frau Schratt dinierte mit uns (zu viert), machte mit uns einen Spaziergang und blieb bis Abend. Ich kann nicht sagen, wie peinlich mir solche Nachmittage sind, wie unbegreiflich, dass Mama dieselben eher gemütlich findet.«

Dies bezog sich auf den 7. Mai, dem am 23. Mai ein erneuter »Schratt-Nachmittag« folgen sollte. Immer wieder kam zwischen Marie Valérie und ihrem Verlobten das Gespräch auf die Schratt. Franz Salvator konnte sich über diese Sache nie trösten »und war peinlich berührt, als ich ihm sagte, Mama habe mich einmal aufgefordert, falls sie stürbe ... Papa zuzureden, Schratt zu heiraten. ... Ich möchte wissen, ob Mama recht hat, wenn sie meint, Franz sei Papa auf eine gewisse Art unbehag-

Verkehr mit Papa immer schwerer, Schratt steht bis zu einem gewissen Grad doch zwischen Mama und Papa. Dass ich Papa nicht mehr wie ehemals im innersten meines Herzens stets recht geben kann, das ist für mich das Bitterste – so unschuldig die Sache ja auch ist. O, warum hat Mama diese Bekanntschaft herbeigeführt, und, wie kann sie noch sagen, dass ihr dieselbe eine Beruhigung ist?! ... Dass zwei so edle Charaktere wie meine Eltern so irren und einander oft gegenseitig so unglücklich machen können!

Marie Valérie, Tagebuch am 4. November 1889

lich und nicht homogen? Wer weiss, ob das nicht auch anders wäre ohne diese unschuldig unglückselige Bekanntschaft?«

Es hat den Anschein, daß Elisabeth sich tatsächlich um die Freundin ihres Mannes sorgte. Sie sprach Empfehlungen für Bäder aus, wollte ständig über sie informiert sein. Der Kaiser verbarg vor ihr nichts, er berichtete seiner Frau über gemeinsame Spaziergänge, Ausflüge, über neue Theaterrollen, darüber, ob seine Mätresse ein Leiden hatte oder Bauchkrämpfe wegen der »stillen Wochen«. Von unterwegs ließ Elisabeth dem Kaiser für ein Diner zu zweit die jeweiligen Landesspezialitäten zusenden. An die Schratt selbst schrieb sie nie, sondern sandte ihre Geschenke über den Kaiser. Allerdings spottete Elisabeth gern über deren etwas füllige Figur:

Trost
Dein dicker Engel kommt ja schon
Im Sommer mit den Rosen.
Gedulde Dich, mein Oberon!
Und mach nicht solche Chosen!

Sie bringt sich mit ihr Butterfaß,
Und läßt sich Butter bereiten,
Sie macht mit Cognac die Haare naß
Und lernt am End noch reiten.

Sie schnürt den Bauch sich ins Korsett,
Daß alle Fugen krachen.
Hält sich gerade wie ein Brett
Und »äfft« noch andre Sachen.

Im Häuschen der Geranien,
Wo alles so fein und glatt,

Und wenn ich zum lieben Gott flehe, meinen Eltern ... Frieden zu schenken und Liebe nach mehr als 30 Jahren missglückter Ehe – flehe ich da nicht um ein Wunder?
Marie Valérie,
Tagebuch am 11. Februar 1890

64 Katharina Schratt. Gemälde von Victor Medici

Dünkt sie sich gleich Titanien,
Die arme dicke Schratt.

Katharina Schratt war weitaus weniger erfolgreich in ihren Hungerkuren als Elisabeth. Und dabei unterzog sie sich Seewasserkuren, Heublumen-bädern sowie Schwitz- und Massagekuren, Sonnenäther- und Sandkuren, auch einer Milchkur, bei der sie jeweils drei Tage nur Milch ohne Brot und Marienbader Wasser genießen, am vierten Tag aber ordentlich essen durfte. Die meisten dieser Kuren hatte Elisabeth bereits hinter sich. Sie interessierte sich jedoch brennend, »die Kilos und Grammes« zu erfahren, die Katharina abgenommen hatte. Der Kaiser dagegen betrachtete die Waage als Unsinn und Unglück. Doch er genoß es, von seiner nach wie vor geliebten Elisabeth und Katharina, die wirklich für ihn da war, verwöhnt zu werden. 1893 schrieb er seiner Frau, »seiner süssen, geliebten Seele«: »Deine Güte und Fürsorge und die Freundschaft der Freundin

Abendgang
Achtundfünfzig Winter zogen
Spurlos nicht ob deinem Haupt.
Denn sie haben ihm die Fülle
Blonder Locken längst geraubt.

Denn es wandelt dir zur Seite
Deines Herzens Königin,
Thalis's holde Tochter ist es,
Sie umstrickte deinen Sinn.

Achtundfünfzig Winter zogen
Spurlos deinem Herz vorbei,
Schlägt es doch wie ein verliebter
Kuckuck heut, im Monat Mai!

August 1888

sind die einzigen Lichtblicke in meinem traurigen Leben. Dein Kl.«

Doch auch »der Kleine« kam in den Gedichten seiner Frau nicht ungeschoren davon. So amüsierte sie sich darüber, daß er sich mit seinen 58 Jahren viel zu verliebt zeige.

Kam es einmal zu Verstimmungen zwischen Franz Joseph und der »Seelenfreundin«, so war es, so unglaublich das klingen mag, die Kaiserin, die wieder vermittelte. Das geschah so öffentlich, daß der preußische Gesandte Fürst Eulenburg über diese Liaison ausführlich an Kaiser Wilhelm II. nach Berlin berichtete: »Das lustige Geplauder von Frau Kathi über die großen und kleinen Miseren der Kulissenwelt, über die Hunderln und Vögerln und die Haushaltsereignisse seiner Freundin hat ihm gefehlt … Er braucht auch die Attraktion der schönen Weiblichkeit Frau Kathis, über die er in unschuldsvollster Weise gebietet. Kurz und gut; es ging nicht länger ohne sie.

Das scheint auch die Kaiserin behauptet zu haben, die bereits zweimal Ärgernisse ähnlicher Art, wie die jetzt eingetretenen, ausgeglichen hat.«

Sehr häufig wurde die Schauspielerin vom Kaiserpaar zu Reisen eingeladen, so zum Beispiel nach Budapest und auch an die Côte d'Azur. Allein nach Cap Martin reiste Katharina Schratt 18 Mal mit.

Doch die Schratt blieb nicht immer an der Seite des Kaisers. Auch sie begann zu rei-

65 Franz Joseph I. im Jahr 1889. Kolorierter Holzstich nach einer Fotografie

sen, und dann fühlte er sich einsamer denn je. Darüber klagte er bei seiner Gemahlin: »Ich bin recht traurig, daß ich von meinen beiden Schutzengeln so gar nichts erfahre.« Als sich die Kaiserin 1894 in Cap Martin langweilte, schrieb sie ihrem Mann, er könne doch die Schratt veranlassen, daß sie zu ihm nach Südfrankreich komme. Das tat er auch, und Katharina sagte zu. Allerdings befielen Elisabeth dann plötzlich Skrupel, daß ihr Zusammentreffen mit der Freundin ihres Mannes in Cap Martin für zuviel Aufsehen sorgen würde. Die so ein- und wieder ausgeladene Schratt reagierte verärgert, doch der Kaiser holte sie wieder aus ihrem Schmollwinkel, indem er ihr die Bedenken seiner Frau beschrieb: »Von Incognito ist hier natürlich keine Rede, man ist von einer Menge Leute beständig beobachtet, es wimmelt von Neugierigen und von hohen Herrschaften und wir fürchten, daß unsere Beziehungen zu Ihnen einer boshaften Kritik unterzogen werden könnten. Bei uns zu Hause hat man fast allgemein die Art unserer Freundschaft verstehen gelernt, hier im Auslande und an diesem leider nicht stillen, sondern sehr besuchten und bewegten Orte ist es etwas anderes. Die Kaiserin, die immer das richtigste Urteil hat, findet, dass das Alles uns alten Leuten

nichts schaden würde, aber ihr ist es vor Allem um Sie und Toni zu thun.«

Katharina Schratt war seit 1879 mit dem ungarischen Guts-
besitzer und Konsul Nikolaus Kiss von Ittebe verheiratet, lebte aber von ihm getrennt. Ein Jahr nach ihrer Eheschließung
kam ihr Sohn Toni zur Welt. Als Zwölfjähriger bekam er
durch einen anonymen Brief Kenntnis von der Beziehung seiner Mutter zum Kaiser. Elisabeth tat der Junge so leid, daß sie
ihn zu sich nach Ischl einlud, mit ihm im Garten spazieren-
ging, liebevoll mit ihm über seine Mutter sprach und ihn stets
mit Süßigkeiten aus der Hofkonditorei Zauner beschenkte.

Auch im Januar 1897 gab es über die Reise der Schauspielerin nach Südfrankreich lange Diskussionen zwischen dem Kaiserpaar. Dieses Mal setzte sich Franz Joseph durch und bat
die Schratt, ans Meer zu reisen, um »ihre etwas aufgeregten
Nerven« zu beruhigen. Der bereits in Cap Martin weilenden
Kaiserin ging es so schlecht, daß Marie Valérie zur Mutter eilte. Am 2. März traf auch der Kaiser dort ein. Am Tag danach
nahm das Kaiserpaar zusammen mit Marie Valérie das Frühstück ein, die darüber äußerst glücklich war. Sie scheint nichts
von der Anwesenheit der Schauspielerin gewußt zu haben.
Ein Brief des Kaisers vom 3. März 1897 belegt aber die Zusam-
menkunft: »Theuerste Freundin ... Die Kaiserin wünscht sehr,
Sie wiederzusehen und lässt Sie bitten, heute um 2 Uhr zu
uns zu kommen. Die Kaiserin wird um diese Zeit auf ihrem
Spaziergang sein und wenn Sie die Güte hätten um 2 Uhr in
meine Wohnung zu kommen, so würde ich Sie zur Kaiserin in
den Wald führen. Wenn Sie über das leider recht schlechte
Aussehen derselben erschrecken sollten, so bitte ich Sie, es
nicht zu zeigen ... Wie bekümmert ich bin, können Sie sich
denken. Das wird dieses Mal ein recht trauriger Aufenthalt
an der schönen Riviera.«

◀ 66 Das Cap Martin. Gemälde von
Claude Monet, 1884. Tournai, Musée
des Beaux-Arts

Für Katharina Schratt wurde ein Aufenthalt an der Riviera allerdings nie eine traurige Sache. Sie hatte zahlreiche Verehrer und Bewunderer und frönte hier ihrer teuren Leidenschaft, für die der Kaiser – wenn auch manchmal recht ungern – die Mittel bereitstellte: Sie liebte es, im Casino Roulette zu spielen.

Am Todestag der Kaiserin weilte Katharina Schratt zur Erholung in Zell am See. Sobald sie von dem Mord erfuhr, eilte sie nach Wien zurück. Der Kaiser dankte ihr dafür mit einem Telegramm: »Theuerste Freundin! Das ist schön von Ihnen, dass Sie gekommen sind, mit wem kann ich besser von der Verklärten sprechen, als mit Ihnen. Ich erwarte Sie von 11 Uhr an und bitte nicht durch den Garten, sondern durch meine Kammer zu kommen. Auf Wiedersehen! Ihr Franz Joseph.« Als Andenken an die Kaiserin erhielt sie eine Brosche mit einem goldenen Georgstaler. Den erhofften Elisabethorden, den die Kaiserin ihr einst versprochen hatte, erhielt sie allerdings nie, da zu diesem Zeitpunkt eine Auszeichnung durch den Kaiser an seine Geliebte unmöglich gewesen wäre.

Nach dem Tod der Mutter stellte Marie Valérie einige Überlegungen darüber an, wen der Kaiser nun heiraten könnte. »Mit Angst denke ich oft an Mamas mir gegenüber oft ausgesprochenen Wunsch, wenn sie sterbe, solle Papa die Schratt heiraten. Ich will mich jedenfalls passiv verhalten, kann mich in Anbetracht Papas wahrer Freundschaft für sie nicht kalt gegen sie benehmen, fände es unrecht und grausam, Papa diesen Trost zu verbittern – aber mitzuhelfen, finde ich nicht meine Pflicht.« Marie Valéries Wunschkandidatin wäre ihre Tante »Spatz« Gräfin Trani, die Schwester ihrer Mutter, gewesen.

Zu dem Sommer in Ischl schrieb Marie Valérie am 8. Juli 1899 in ihr Tagebuch: »Papa hat heute wieder die gemeinsamen Diners mitgemacht, so beginnt wieder der alte Ischl-Turnus

Die Stunde, die ich mit Ihnen zubringe ist meine einzige Erheiterung, ist mein Trost in meiner traurigen, sorgenvollen Stimmung. Mit der innigen Bitte, mich noch ein wenig lieb zu haben und Sich nicht zu sehr über mich zu ärgern, bleibe ich Ihr sehr ergebener Franz Joseph.

Telegramm an Katharina Schratt, 17. Januar 1899

mit Ausnahme der Besuche in der Villa Felicitas, statt welcher die Schratt Papa hier aufsuchen kommt, was mich öfteres Zusammensein mit den Kindern befürchten lässt.« Der kaiserliche Großvater spielte in Ischl gern mit seinen Enkeln, und er zeigte sie voller Stolz seiner Geliebten, als seine Tochter ohne die Kinder ausgefahren war. Am Abend erzählte er Marie Valérie davon, woraufhin diese erzürnt Maria Kornis, ihre Kammervorsteherin, anwies, von nun an die Kinder nicht mehr unbeaufsichtigt zu lassen, damit sich dieser »Vorfall« nicht wiederhole.

Auf der Feier des 70. Geburtstags des Kaisers im August 1900 in Ischl herrschte bedrückte Stimmung: »Als ich heute früh Papa frug, ob er nicht einmal mit den Kindern ausfahren würde, lehnte er es mit der in sehr traurigem Ton gemachten Mitteilung, ab, dass er heute noch ›die Freundin‹ besuchen wolle, sei es ja ein Abschied ›auf Nimmerwiedersehen‹. Ich war über diese Nachricht wie aus den Wolken gefallen, ja hatte wirklich das Gefühl, ein Wunder erlebt zu haben, so wenig hatte ich je an die Möglichkeit gedacht, dass dies Verhältnis sich lösen könne. Auf meine Frage, nach näherer Erklärung sagte Papa fast mit Tränen, sie arbeite schon seit Mamas Tod an diesem Entschluss, da sie das Gefühl habe, seither nicht mehr gehalten zu sein, ihre Stellung sei keine richtige. Papa hofft zwar, sie werde von ihrem Entschluss noch abkommen. Doch sei ihre Absicht einstweilen feststehend, weder nach Wien noch nach Ischl zurückzukehren. – Für die ›gute Sache‹ sollte ich mich nun wohl dieser Lösung freuen, die auch, wenn sie aufrichtig gemeint ist, woran ich keinen Grund habe zu zweifeln, sehr für den Charakter der Frau Schratt spricht. Wenn man aber weiss, was dies Lossreissen wieder an Schmerz für Papa bedeuten muss, so kann man es doch nie ohne Wehmut dahin kommen sehen und

Die Schratt trifft es wohl besser, ihn zu unterhalten, denn nach ihren Besuchen ist er immer heiterer ... [Es ist] peinlich ..., sie mit Papa am Spielplatz der Kinder sitzen zu finden, von wo ihn dann unser Erscheinen entweder verdrängt oder er vielleicht auch manchmal sitzen bleiben wird zum Schaden der Kinder (!!?). Was tun? ... Ihn durch Andeutung mit Missbilligung kränken, ohne die Sache wesentlich zu ändern? Lossagen wird er sich nie und nimmer von ihr und heiraten kann er sie ja leider nicht. *Marie Valérie in ihrem Tagebuch über Katharina Schratt, 11. Juli 1899*

auch nicht ohne Bangigkeit, wie sich die Zukunft bei noch grösserer Vereinsamung gestalten soll.«

Als Marie Valérie am Weihnachtsabend ihren Vater nach der »Freundin« fragte, traf sie immer noch in eine offene Wunde. Die Schratt würde lediglich für einen Tag nach Wien kommen, den Winter aber im Ausland verbringen. Tatsächlich hielt sich Katharina Schratt im Januar 1901 einige Tage in Wien auf. Ihre Zukunftspläne waren unklar, und der Kaiser besuchte sie täglich in ihrer Wohnung. Doch die Beziehung war endgültig vorüber. Zwar kam es im Sommer 1901 in Ischl, wo der Kaiser seiner Jagdleidenschaft frönte, noch einmal zu einem Zusammentreffen mit der einstigen Geliebten, doch das Verhältnis lebte nicht wieder auf.

Es gab vielerlei Gründe dafür, daß Katharina Schratt sich von Franz Joseph zurückzog. Zum einen waren es offenbar gesundheitliche Probleme, mit denen die alternde Diva geschlagen war. Außerdem dürften die allenthalben kursierenden Gerüchte, daß sie nicht länger nur die »gnädige Frau« und Geliebte des Kaisers sein wollte, sondern endlich seine Ehefrau, mehr als nur ein Körnchen Wahrheit enthalten. Schließlich trug dazu sicher auch die offene Abneigung der Kaisertochter Marie Valérie bei, die ihrerseits von ihrem Mann und auch ihrem Beichtvater Pater Abel bedrängt wurde, ihren Vater dahingehend zu beeinflussen, der Affäre ein Ende zu setzen.

Der Tod der Kaiserin Elisabeth

Am 10. September 1898, einem wunderschönen Herbsttag, schreckte eine Extra-Ausgabe des ›Wiener Abendblatts‹ die Bevölkerung Wiens auf: »Unsere Kaiserin ermordet!« Was war geschehen?

Am 9. September waren Kaiserin Elisabeth von Österreich und ihre Hofdame Irma Sztáray einer Einladung der Baronin Julie Rothschild nach Pregny in der Schweiz gefolgt. Die Kaiserin fühlte sich wohl, ließ sich das köstliche Menü munden, schwärmte für das servierte Eis und trank sogar Champagner. Dann reisten die beiden Damen mit dem Wagen nach Genf weiter, wo die Kaiserin als Gräfin Hohenembs im »Hôtel Beau Rivage« abstieg.

Am frühen Abend flanierten Elisabeth und ihre Hofdame durch die Stadt. Die Kaiserin erwarb ein Intarsientischchen für ihre Tochter Marie Valérie und am nächsten Tag ein weiteres Geschenk, ein Orchestrion. Nach einem Besuch der Konditorei Désarnod, in der sie erneut Eis aßen, kehrten sie zum Hotel zurück.

67   S.M. L'Impératrice Elisabeth d'Autriche. Titelblatt des ›Le Petit Journal‹ vom 25. September 1898. Farbdruck. Die Nachricht vom Tod der Kaiserin löste in ganz Europa Entsetzen aus – und hatte in ihrer Wirkung durchaus Ähnlichkeit mit dem Unfalltod der Diana Princess of Wales im August 1997.

Am folgenden Tag wollte die Kaiserin mit dem Schiff wieder nach Caux zurückkehren, wo sie sich für längere Zeit zur Erholung eingemietet hatte. Um 1 Uhr 35 Minuten verließ sie mit ihrer Hofdame das Hotel, und sie eilten zur Schiffsanlegestelle, die nur wenige Meter entfernt lag. Vor dem Hotel hielt sich seit neun Uhr morgens der sechsundzwanzigjährige Italiener Luigi Lucheni auf, ein Anarchist, der von einem abgrundtiefen Haß gegen alle Aristokraten beseelt und fest entschlossen war, einen solchen umzubringen. Als Opfer hatte er sich Prinz Heinrich von Orléans ausersehen, doch dieser war nicht, wie angekündigt, nach Genf gekommen. Da am 10. September die Schweizer Morgenblätter die Anwesenheit der Kaiserin in Genf meldeten – obwohl die Hotelleitung um strengste Diskretion gebeten worden war –, entschloß sich Lucheni, eben diese zu ermorden. Als die beiden Damen den fast

menschenleeren Kai entlanggingen, stürzte sich Lucheni auf die Kaiserin und stieß ihr eine dreikantige Feile in die Brust. Elisabeth stürzte unter der Wucht des Schlages rücklings zu Boden. Der Aufprall wurde durch ihre aufgesteckten Haare etwas gemildert. Gräfin Sztáray bemühte sich mit einem herbeigeeilten Kutscher, der Kaiserin aufzuhelfen. Der ebenfalls dazugetretene Hotelier bat die Damen, ins Hotel zurückzukehren. Doch erstaunlicherweise ging die Kaiserin, lediglich etwas

68 Die Ermordung Elisabeths von Österreich durch den italienischen Anarchisten Luigi Lucheni. Farbdruck aus ›Le Petit Journal‹ vom 25. September 1898

erschrocken, zur schmalen Landungsbrücke weiter. Ihr vor Aufregung gerötetes Gesicht wurde plötzlich schneeweiß, und auf die Frage der Gräfin, ob sie Schmerzen habe, gab sie zu, daß es im Brustbereich weh tue. Kaum hatten sie das Schiff betreten, wurde die Kaiserin ohnmächtig. Gräfin Sztáray rief um Wasser, das sie ihrer Herrin ins Gesicht spritzte. Ein Arzt befand sich nicht an Bord, lediglich eine Pflegerin, Madame Dardalle, die sich mit dem nun ebenfalls aufmerksam gewordenen Kapitän Roux um die ohnmächtige Dame bemühte. Keinem der Anwesenden war bewußt, daß es sich dabei um die Kaiserin von Österreich handelte.

Als die Hofdame die Lider der Kaiserin öffnete, erkannte sie, daß sie in die Augen einer Sterbenden blickte. Madame Dardalle stellte Wiederbelebungsversuche an und Irma Sztáray öffnete das Kleid, schnitt das Mieder auf und schob Elisabeth ein Stück in Alkohol getauchten Zucker in den Mund, das diese hörbar zerbiß. Endlich öffnete die Kaiserin wieder die Augen, versuchte sich aufzurichten und fragte: »Ja, was ist denn eigentlich geschehen?« – »Majestät waren etwas unwohl, doch jetzt ist es schon besser, nicht wahr?« Doch die

69 Elisabeth an Bord eines Schiffes. Aquarell von Leopoldine Ruckgaber nach einer Fotografie von 1897, gemalt im Auftrag von Erzherzogin Marie Valérie

Kaiserin antwortete nicht mehr. Nun riß die Gräfin die Bänder des Jäckchens auf, um ihr die Brust zu reiben. Erst jetzt wurde das Ausmaß der Tragödie sichtbar. Auf dem veilchenfarbenen Batisthemd der Kaiserin war ein bräunlicher Fleck von der Größe eines Silberguldens und in der Mitte davon ein kleines Loch. Oberhalb der linken Brust entdeckte sie eine winzige Wunde mit etwas geronnenem Blut.

Da das Schiff inzwischen abgelegt hatte, ließ die Hofdame den Kapitän nochmals rufen und bat ihn, schnell zu landen. Sie klärte ihn darüber auf, daß es sich bei der Verletzten um die Kaiserin von Österreich handle, die eine Wunde in der Brust habe und dringend die Hilfe eines Arztes und eines Priesters brauche. Der Kapitän kehrte sofort nach Genf zurück. Da es nicht einmal eine Tragbahre an Bord gab, baute man aus zwei Rudern und großen Strecksesseln notdürftig eine Liege zusammen und bettete die Kaiserin darauf. Noch lebte Elisabeth, ja, es bestand sogar noch Hoffnung, sie zu retten. Doch nachdem sie im Hotel auf ihr Bett gelegt worden war, herrschte nach einem leisen Röcheln völlige Stille. Die Gräfin flehte den herbeigerufenen Arzt Dr. Golay an, ihre Herrin zu retten. Die Hotelbesitzerin Madame Mayer und eine englische Krankenschwester halfen, die Kaiserin zu entkleiden. Ein weiterer hinzugerufener Arzt konnte nur noch ihren Tod feststellen. Ein Geistlicher erteilte die Absolution und das Sterbesakrament. Alle im Zimmer Anwesenden knieten nieder und beteten für die Verstorbene. Ihr Leben war um 20 Minuten nach zwei Uhr verloschen.

Der Kaiser befand sich in seinem Arbeitszimmer in Schloß Schönbrunn, als er von seinem Generaladjutanten Graf Paar über eine »schlechte Nachricht« informiert wurde. Franz Joseph sprang auf und nahm dem Grafen die Depesche aus der Hand. Aufgrund der früheren leidvollen Erfahrungen – im-

Ihre Majestät die Kaiserin gefährlich verletzt. Bitte Seiner Majestät schonend melden.
Telegramm an die Wiener Hofburg mit der ersten Meldung über das Attentat

merhin hatte er bereits zahlreiche Familienmitglieder auf tragische Weise verloren – wußte er sogleich, daß dieser Nachricht eine zweite, noch schlimmere, folgen würde. Da meldete sich auch schon der diensthabende Flügeladjutant mit einer neuen Depesche. In seiner Aufregung riß sie der Kaiser entzwei, doch es blieb ihm nicht erspart zu lesen: »Ihre Majestät die Kaiserin soeben verschieden.« Der achtundsechzigjährige Monarch war vor Schreck wie erstarrt. Dann sank er in seinen Schreibtischstuhl. Graf Paar hörte ihn wie zu sich selbst sprechen: »Mir bleibt doch nichts erspart in dieser Welt! Niemand weiß, wie sehr wir uns geliebt haben.«

Kaiserin Elisabeth wurde im Hotel »Beau Rivage« in Genf aufgebahrt. Man hatte in Wien anfragen lassen, ob die Obduktion und Sektion in Genf vorgenommen werden dürfe, wie es das Schweizer Gesetz vorschrieb. Der Kaiser ließ antworten, daß nach dem Gesetz verfahren werden solle. So erschienen am 11. September nachmittags vier Ärzte zur Autopsie, am Tag darauf zur Sektion. Bei der näheren Untersuchung der Wunde und dem Bloßlegen des Herzens zeigte sich, daß das Mordinstrument 85 Millimeter tief eingedrungen war. Die vierte Rippe war gebrochen, die Lunge und die ganze linke Herzkammer durchbohrt. Da der Kanal so dünn war, konnte das Blut nur tropfenweise aus der Herzkammer in den Herzbeutel gelangen und legte die Herzfunktion nur sehr langsam still. So war die Kaiserin unmittelbar nach dem Attentat noch in der Lage, die 120 Schritte bis auf das Schiff zurückzulegen, und ist erst danach zusammengebrochen.

70 Arbeitszimmer Franz Josephs in Schloß Schönbrunn. Hier erreichte ihn die Nachricht von der Ermordung seiner Gemahlin.

Da die Autopsie in Anwesenheit von Zeugen vorgenommen werden mußte, wohnten die treuergebene Hofdame Sztáray, der österreichische Gesandte in der Schweiz, Graf Kuefstein, und Generalmajor Adam von Berzeviczy der Untersuchung bei. Anschließend wurde die Leiche einbalsamiert und aufgebahrt. Gräfin Sztáray hüllte sie in ihr schönstes schwarzes Seidenkleid und legte einen Kranz aus Veilchen auf den Sarg. »Jetzt machte ich das Zeichen des Kreuzes über sie und drückte ihr die Augen zu.« Sie steckte der Toten die Haare zu einer Krone auf und gab ihr ein kleines Kreuz aus Perlmutt und ihren Rosenkranz in die gefalteten Hände. Über ihren Körper breitete sie ein Spitzentuch mit der Aufschrift »Repose en paix«, »Ruhe in Frieden«. Das Gesicht wurde mit einem dünnen Schleier verhüllt.

Auf einem Tischchen lagen die diversen Gegenstände, die die Kaiserin bei sich getragen hatte: eine kleine, einfache Goldkette mit dem Ehering, den sie nie an der Hand, sondern stets am Hals hängend unter dem Kleid trug; der unvermeidliche Lederfächer, mit dem sie sich vor neugierigen Blicken zu schützen pflegte; eine Uhr aus Chinasilber, in die das Wort »Achilleus« eingraviert war, an einem abgenutzten, kleinen Lederbändchen mit Steigbügel; sodann ein Armband mit vielen, teils mystischen Anhängern, einem Totenkopf, dem Sonnenzeichen mit drei Füßen, der goldenen Hand mit ausgestreck-

71 Elisabeth, aufgebahrt im Hotel »Beau Rivage« in Genf, neben ihr Irma Sztáray. Szenenbild aus dem Film ›Elisabeth von Österreich‹, 1920

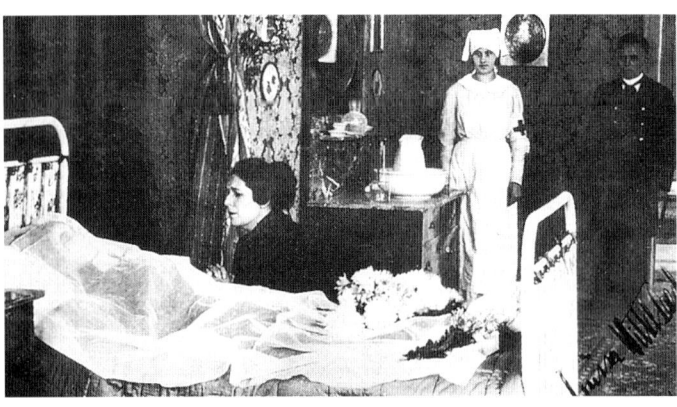

> Und wenn ich einmal sterben muss, so legt mich an das Meer, so daß die Wellen sich an meinem Grab brächen. Dann würden alle Sterne des Himmels auf mich herabscheinen und die Zypressen würden viel länger als die Menschen um mich trauern.
> *Elisabeth laut einer Tagebucheintragung Marie Valéries*

tem Zeigefinger, einem Marienmedaillon und byzantinischen Goldmünzen. Die Kaiserin trug auch immer ein Medaillon mit dem Text des 21. Psalms bei sich sowie die ihr besonders teure Haarlocke ihres so tragisch aus dem Leben geschiedenen Sohnes Rudolf. Irma Sztáray hielt, zeitweise mit Berzeviczy und Kuefstein, zeitweise aber auch allein, die Totenwache.

Um elf Uhr abends fuhr der Hofsonderzug von Wien nach Genf ab, um die tote Kaiserin heimzuholen. Die Waggons waren mit schwarzgrünem Tuch ausgeschlagen; in der Mitte des Zuges war ein Wagen allein für den Katafalk bestimmt. Am Mittwoch, dem 14. September, nahm Genf Abschied von Elisabeth. Der Sarg wurde über den trauerbeflaggten Quai und die Rue du Montblanc zum Bahnhof gefahren. Dann begann Elisabeths letzte Reise nach Wien. Am 15. September gegen 10 Uhr abends traf der Sonderzug dort ein. Der ganze Bahnhof war schwarz ausgeschlagen, der Hofsalon zu einer Kapelle umgestaltet. Dort nahm Hof- und Burgpfarrer Laurenz Mayer in einer kurzen Zeremonie die Aussegnung vor.

Als der Kaiser am 10. September die schreckliche Nachricht aus Genf erhalten hatte, war sein erster Wunsch, seine Töchter und ihre Familien um sich zu haben. Erzherzogin Marie Valérie hatte auf Schloß Wallsee durch die Kammervorsteherin Maria Gräfin Kornis vom Tod der Mutter erfahren, die ein Telegramm des Kaisers erhalten hatte mit der Bitte, seiner Tochter das Unglück »auf gute Art beizubringen«. »Nun ist es

> Die traurigsten Stunden meines Lebens zogen an mir vorüber in dieser Kirchhofstille. Dies war unser letztes Zusammensein zu zweien. Aber wie unüberbrückbar war der Gegensatz zwischen meiner aufgewühlten Seele und ihrer friedlichen Ruhe … Wie meine Seele mit der Verzweiflung rang, so kämpfte das Tageslicht mit dem Schatten. Die Kerzenflammen flackerten in trübem Glanze, erwarteten ungeduldig die Finsternis.
> *Irma Sztáray über ihre Wache am Totenlager Elisabeths*

gekommen, wie sie es immer wünschte, rasch, schmerzlos, ohne ärztliche Beratungen, ohne lange, bange Sorgentage für die Ihren.« Zumindest gegenüber Marie Valérie hatte Elisabeth mehrfach den Wunsch geäußert, ihre Leiche ins Meer versenken zu lassen. In ihrem Testament hatte sie dann verfügt, ihre letzte Ruhestätte solle die Insel Korfu sein. Doch beide Wünsche ließen sich nicht erfüllen, da der Kaiser auf einem würdigen Begräbnis nach strengstem Hofzeremoniell bestand und Hoftrauer anordnete.

Marie Valérie eilte sofort nach Erhalt der Depesche zu ihrem Vater. Nachts um 1 Uhr fuhr sie ab und traf morgens um 6 Uhr in Penzing ein. »Wie der Morgen graute über dem Wienerwald, den die Kaiserin so geliebt hatte, da wurde die Erzherzogin vor Trauer geschüttelt, und sie hatte Angst vor dem Wiedersehen mit dem Papa.« Dieser erwartete sie am Fuß der großen Stiege in Schönbrunn. Vater und Tochter fielen sich schluchzend in die Arme; endlich konnte er um seine verstorbene Frau weinen. Er war einige Zeit völlig fassungslos, doch bald darauf wieder ruhig wie schon nach Rudolfs Tod. Marie Valérie wich keine Minute von seiner Seite. »Wir gingen zusammen in die Sonntagsmesse und dann durfte ich diesen ganzen ersten Tag fast ununterbrochen bei ihm verbringen, neben seinem Schreibtisch sitzend, während er arbeitete wie ge-

Au Clair de la lune
Im hellen Mondenlichte
Mein Kind, mein liebes Kind!
O zeig' mir dein Gesichte
Am Fenster hier geschwind!

Ich komme aus der Nordsee,
Mein Schiff ging dort zugrund;
Ich hatte solches Herzweh
Um dich in dieser Stund'.

...

Mein Kind , ich will nicht klagen
Ob dem, was mir passiert',
Ich wollt' dir schnell nur sagen,
Die Seele sei salviert.

...

So lange Du auf Erden,
Ist mir der Himmel leer,
Ich könnt' nicht selig werden,
Wenn ich allein dort wär!

Wir wollen ihn beziehen
Vereinigt dereinst;
Heut' wollt ich mich nur mühen,
Dass du nicht um mich weinst.
Sommer 1886

wöhnlich, mit ihm die von Genf kommenden genaueren Nach-
richten lesend, ihm helfend, die Kondolenzbesuche der Familienmitglieder zu empfangen.« Nachmittags nahm der Kaiser
zusammen mit Marie Valérie und seiner Enkelin, Prinzessin
Elisabeth, Tochter des Kronprinzen, die auf seinen besonde-
ren Wunsch von Laxenburg gekommen war, das Diner ein.

Die Nachricht vom Tod der Kaiserin wurde in München am
10. September kurz nach 18 Uhr bekannt. Prinzessin Gisela

72   Die Trauer des alten Kaisers.
Gemälde von Victor Medici. Franz
Joseph ist umgeben von den Geistern
seiner toten Lieben: seiner Cousine
Mathilde, die 1867 in Wien verbrann-
te; seinem Bruder Maximilian, der
1867 in Mexiko standrechtlich erschossen wurde; seinem Sohn Rudolf, der auf Mayerling 1889 Selbstmord verübte; seiner Schwägerin
Sophie Alençon, die 1897 bei einem
Basarbrand in Pais umkam; seiner
ermordeten Gattin Elisabeth und
dem 1914 in Sarajewo erschossenen
Thronfolgerpaar, seinem Neffen
Franz Ferdinand und dessen Frau
Sophie von Hohenberg.

hielt sich an diesem Tag mit ihrem jüngeren Sohn Konrad bei
den fürstlichen Thurn und Taxisschen Verwandten in Garatshausen am Starnberger See auf. Als sie nach München
zurückkam, erwartete Hofmarschall Baron von Perfall sie mit
einer Depesche. Nachdem sie den Text gelesen hatte, sagte sie
mit Mühe: »Es ist nicht möglich, daß man sich an einer Frau
vergreift.« Sie traute der Nachricht nicht und bat Baron von
Perfall, diese überprüfen zu lassen. Gegen 22 Uhr erreichte sie
eine Mitteilung des Grafen Paar aus Wien. Allmählich begann
die Prinzessin zu begreifen, daß ihre Mutter tot war. »Der
Jammer der Hinterlassenen soll herzzerreißend gewesen
sein«, schrieb der ›Münchner Generalanzeiger‹. Giselas Gatte,
Prinz Leopold von Bayern, kehrte gerade von einer Inspek-
tionsreise aus Norddeutschland zurück. Er war in Minden ab-
gefahren, um mit Anschluß in Berlin den Nord-Süd-Expreß
zu erreichen. Bei seiner Ankunft in Berlin stand Freiherr von
Guttenberg, der Delegationssekretär der dortigen bayerischen
Gesandtschaft, auf dem Bahnsteig. Er überreichte dem Prinzen ein Telegramm mit der traurigen Nachricht. In München
angekommen, sah Prinz Leopold schon vor seinem Palais die
Trauerflagge.

Aus ganz Europa trafen Kondolenzbezeugungen und später Trauergäste in Wien ein. Der Kaiser von Japan schickte einen Gesandten, ebenso der Schah von Persien, der König von
Siam und der Präsident der Vereinigten Staaten. Aus dem Vatikan wurde gemeldet: »Als der Papst die Nachricht erhielt,
kniete er nieder und betete lange. Dann schrieb er eigenhän-
dig eine innige Beileidsdepesche an den Kaiser.«

Am 15. September begab sich die Familie zur Hofburg. In
den Radetzkyzimmern erwartete man den Zeremonienmei-
ster, der ankündigte, daß der Leichenkonvoi aus Genf einge-
troffen sei. Danach wartete die Familie am Fuß der Säulen-

Nach schmerzlicher Begrüßung der beiden Gatten wohnten sie [Erzherzo-
gin Gisela und Prinz Leopold von Bayern] einer stillen heiligen Messe in
der Kapelle des Palais bei. Sonntag abend 19 Uhr reisten beide nach Wien
ab. Im Gefolge der hohen Herrschaften reisten die Hofdame der Prinzessin, von Limpöck, und Hofmarschall Freiherr von Perfall. Die Prinzessin
Gisela trug tiefste Trauerkleidung. Mit zahlreichen Unterschriften deckten

73 Die Überführung der Leiche Elisabeths vom Westbahnhof in Wien zur Hofburg am Abend des 15. September. Holzstich nach einer Zeichnung von Emil Limmer, 1898. Aus: ›Illustrierte Zeitung‹, Leipzig und Berlin, 22. September 1898

stiege auf das Eintreffen des Katafalks. Schließlich lag Marie Valérie schluchzend in Irma Sztárays Armen, in den Armen, die ihre sterbende Mutter zuletzt umfangen hielten. Franz Joseph küßte ihr die Hand und folgte in aufrechter Haltung dem Sarg in die Burgkapelle, hinter ihm die Familie. Nach der Aussegnung erhob sich der Kaiser, kniete am Kopfende des geschlossenen Sarges nieder und küßte ihn. Als der Hofburgpfarrer ein Gebet sprach, verlor der Kaiser die Fassung. Seine Hände zitterten, die Lippen bewegten sich krampfhaft. Als der Priester mit lauter, feierlicher Stimme den Namen Elisabeths rief, füllten sich die Augen des Monarchen mit Tränen, er beugte sein greises Haupt und berührte mit seiner

127

sich die im Palais aufliegenden Kondolenzbogen. Das gleiche ist der Fall im österreichischen Gesandtschaftspalais. Man vermutet, daß Prinz Ludwig, – der ältere Bruder von Prinz Leopold – welcher gegenwärtig bei seinem Vater im Allgäu weilt, seinen Vater bzw. das königliche Haus bei den Beisetzungsfeierlichkeiten in Wien vertreten wird.

Aus dem ›Münchner Generalanzeiger‹

rechten Hand liebevoll und sich stützend die Bahre seiner Gemahlin.

Am folgenden Tag ließ sich die Familie von der Hofdame Irma Sztáray noch einmal ausführlich den Tathergang schildern. Marie Valérie bat darum, ihr die Kleider der Mutter zu bringen. Sie sah das Hemd mit dem kleinen schmalen Einstich und der geringen blassen Blutspur und nahm es an sich.

Immer wieder zog es die beiden Schwestern in die Burgkapelle zur toten Mutter. Prinzessin Gisela ließ ihrer Mutter einen Kranz aus Orchideen auf den Sarg legen, Erzherzogin Marie Valérie einen aus roten Nelken.

Am Tag des Leichenbegängnisses, das sich nach den strengen Regeln des Hofzeremoniells vollzog, hatte es sich der Kaiser nicht nehmen lassen, die angereisten Herrschaften zu empfangen. Kurz vor vier Uhr traf die kaiserliche Trauerequipage mit Kaiser Franz Joseph und dem deutschen Kaiser Wilhelm II. an der Kapuzinerkirche ein. Trommelwirbel und Hornsignale ertönten, als der Sarg, der mit einem Baldachin aus Seeadlern mit ausgebreiteten Flügeln überspannt war, in die Kirche getragen wurde. Den beiden Herrschern folgten, tiefverschleiert, die Kronprinzenwitwe Stephanie und die beiden Kaisertöchter.

Marie Valérie und Gisela blieb, »geschützt durch den dichten Schleier, der grösste Teil banaler Kondolenzen erspart. Genug waren es jener, die von Herzen mitweinten: Manni – Onkel Louis! ›Ich kann doch dem armen Teufel nicht verbieten, zu kommen‹ hatte Papa gesagt, und tief hatte es den armen Onkel gerührt. Tief erweckte es auch Erinnerungen alter Zeiten, als er zu mir kam mit der Bitte; ›Lass mich nur bei Dir stehen, nur da bleiben neben Dir‹.«

Der Kaiser mit seinen beiden Schwiegersöhnen, Prinz Leopold von Bayern und Erzherzog Franz Salvator, mit dem En-

82 Mitglieder des europäischen Adels nahmen an der Beisetzung Elisabeths in Wien teil, u. a.:

Kaiser Wilhelm II.	Großfürst Alexius von Rußland
Prinzregent Luitpold von Bayern	Kronprinz Viktor Emanuel
König Albert von Sachsen	von Italien
König Carol von Rumänien	Erbprinz Danilo von Montenegro
König Alexander von Serbien	

kel Prinz Georg von Bayern und den beiden Brüdern der Kaiserin geleiteten den Sarg in die Gruft. Der Kaiser wiederholte ganz sicher in diesem Moment den Wunsch, den er so oft in den Briefen an seine Frau ausdrückte: »Gott befohlen, geliebter Engel – Isten veled szeretett angyolom.«

Elisabeths Schwester Mathilde war, von der Menschenmenge unerkannt, am Sarg der Kaiserin gewesen. Sie hatte den Pater, der die Totenwache hielt, bewogen, die beiden verschließbaren Türen des Sargdeckels oberhalb der beiden dort angebrachten Fenster für sie zu öffnen. So konnte sie die Tote sehen, die schon ziemlich entstellt war.

Mit der kaiserlichen Familie trauerte die ganze Donaumonarchie. Schwarze Fahnen wehten von den Häusern, die Bilder der Kaiserin waren umflort, und selbst die kleinste Hütte trug zumindest ein Stückchen schwarzes Tuch zur Schau. In Ungarn hatte die Todesnachricht der geliebten Königin sogar für noch mehr Entsetzen gesorgt als in Österreich. Die Tränen der Ungarn rührten den Kaiser, denn sie hatten wirklich »ihre Königin verloren«. Am 11. September fand im Theater Magyar Szinhaz in Budapest eine bewegende Trauerfeier statt. Als sich der Vorhang öffnete, sah man auf der schwarzdrapierten Bühne inmitten eines Palmenhaines einen Katafalk mit

74 Die beiden Kaisertöchter Gisela und Marie Valérie. Fotografie, um 1885

An Meine Völker!

Die schwerste, grausamste Prüfung hat Mich und Mein Haus heimgesucht.

Meine Frau, die Zierde Meines Thrones, die treue Gefährtin, die Mir in den schwersten Stunden Meines Lebens Trost und Stütze war – an der Ich mehr verloren habe, als Ich auszusprechen vermag, ist nicht mehr. Ein entsetzliches Verhängnis hat sie Mir und Meinen Völkern entrissen.

Eine Mörderhand, das Werkzeug des wahnwitzigen Fanatismus, der die Vernichtung der bestehenden gesellschaftlichen Ordnung sich zum Ziele setzt, hat sich gegen die edelste der Frauen erhoben und in blindem, ziellosem Haß das Herz getroffen, das keinen Haß gekannt und nur für das Gute geschlagen hat.

Mitten in dem grenzenlosen Schmerze, der Mich und Mein Haus erfaßt, angesichts der unerhörten That, welche die ganze gesittete Welt in Schaudern versetzt, dringt zunächst die Stimme Meiner geliebten Völker lindernd zu Meinem Herzen. Indem Ich Mich der göttlichen Fügung, die so Schweres und Unfaßbares über Mich verhängt, in Demuth beuge, muß Ich der Vorsehung Dank sagen für das hohe Gut, das Mir verblieben: Für die Liebe und Treue der Millionen, die in der Stunde des Leidens Mich und die Meinen umgibt.

In tausend Zeichen von Nah und Fern, von Hoch und Nieder, hat sich der Schmerz und die Trauer um die gottselige Kaiserin und Königin geäußert. In rührendem Zusammenklang ertönt die Klage Aller über den unermeßlichen Verlust als getreuer Wiederhall dessen, was Meine Seele bewegt.

Wie ich das Gedächtniß meiner heißgeliebten Gemalin heilig halte bis zur letzten Stunde, so bleibt Ihr in der Dankbarkeit und Verehrung Meiner Völker ein unvergäßliches Denkmal für alle Zeit errichtet.

Aus den Tiefen Meines bekümmerten Herzens danke Ich Allen für dieses neue Pfand hingebungsvoller Theilnahme.

Wenn die Festklänge, die dieses Jahr begleiten sollten, verstummen müssen, so bleibt Mir die Erinnerung an die zahllosen Beweise von Anhänglichkeit und zartem Mitgefühl die werthvollste Gabe, welche Mir dargebracht werden konnte.

Die Gemeinsamkeit unseres Schmerzes schlingt ein neues, inniges Band um Thron und Vaterland. Aus der unwandelbaren Liebe Meiner Völker schöpfe Ich nicht nur das verstärkte Gefühl der Pflicht, auszuharren in der Mir gewordenen Sendung, sondern auch die Hoffnung des Gelingens.

Ich bete zu dem Allmächtigen, der Mich so schwer heimgesucht, daß Er Mir noch Kraft gebe, zu erfüllen, wozu Ich berufen bin. Ich bete, daß er Meine Völker segne und erleuchte, den Weg der Liebe und Eintracht zu finden, auf dem sie gedeihen und glücklich werden mögen.

Schönbrunn, am 16. September 1898

Franz Joseph m. p.

dem lebensgroßen Bild Elisabeths, während die Musik eine altungarische Trauerweise spielte. Als die letzten Akkorde verklungen waren, trat eine schwarz gekleidete Schauspielerin hervor, die eine Ode des Dichters Makai deklamierte, in der der tiefe Schmerz über den Verlust, der Ungarn getroffen hatte, besungen wurde. Das Publikum begann laut zu weinen. Anschließend wurde ein patriotisches Stück aufgeführt, wobei man aus Gründen der Pietät auf jeden Gesang verzichtete. Als im letzten Akt die Hülle von der Büste des Kaisers fiel, erhob sich das Publikum von seinen Sitzen und brach begeistert in Hochrufe aus. Und das, obwohl bei der Leichenfeier in der viel zu kleinen Kapuzinergruft ausgerechnet die Abordnung des ungarischen Reichstages keine Plätze mehr erhalten hatte!

Genau einen Monat nach der Schreckenstat stand Luigi Lucheni vor seinen Richtern. Stolz bekannte er sich zu seiner Tat und begründete sie mit dem Elend seiner Jugend. Auf die Frage, ob er sie bereue, sagte er triumphierend, daß er sie gleich wieder begehen würde. Bei der Verkündigung des Urteils zu lebenslänglichem Kerker rief Lucheni in den Saal: »Es lebe die Anarchie, Tod der Aristokratie!« Völlig aufgebracht reagierten die Frauen Wiens auf die Tat des Mörders. 16000 Frauen unterzeichneten einen Brief, in dem sie ihre Wut und Verachtung zum Ausdruck brachten: »Sei verflucht während Deines ganzen Lebens, Elender, grausames Ungeheuer. Was Du ißt, das bekomme Dir nicht. Dein Körper möge Dir nur Schmerzen bereiten und Deine Augen geblendet werden. Und Du sollst leben in ewiger Finsternis. Das ist der heißeste Wunsch der Frauen und Mädchen von Wien.« Im Jahr 1910 erhängte sich Luigi Lucheni im Gefängnis.

Inzwischen wurde am Kaiserhof in Wien das Testament der Kaiserin eröffnet. Dabei erhielten Marie Valérie und Gisela

75 Das Erzherzogin Gisela betreffende Legat im Testament Elisabeths

76 Das Erzherzogin Marie Valérie betreffende Legat im Testament Elisabeths

davon Kenntnis, welch »grosses, erschreckend grosses Vermögen« die Mutter ihnen hinterließ. Selbst der Kaiser hatte keine Ahnung davon, daß seine Gemahlin – ohne die Immobilien – ein Vermögen von über 10 Millionen Gulden in soliden Papieren angelegt hatte. Davon erhielten die beiden Töchter je zwei Fünftel und ihre Nichte Elisabeth, des Kronprinzen Tochter, ein Fünftel. Dazu erhielt Marie Valérie noch ein Vorlegat von 1 Million Gulden und außerdem die »Hermesvilla« in Lainz. Auf Wunsch des Kaisers sollte dort das Toilettenzimmer der Kaiserin unverändert bestehen bleiben. Die Nutznießung des Gebäudes blieb allerdings beim Kaiser. Prinzessin Gisela erbte das »Achilleion«, das bereits damals unbewohn-

77 Die »Hermesvilla« in Lainz. Aquarell von Hasenauer, 18. Dezember 1881

bar geworden war und vor allem hohe Unterhaltskosten verschlang.

Nur zwei Monate nach dem Tod Elisabeths stand das fünfzigjährige Regierungsjubiläum Franz Josephs an. »Seit seinem 18. Lebensjahr sorgte er Tag für Tag treulich für sein Volk. Als nach dem Te Deum dann noch ›Gott erhalte Franz den Kaiser‹ erklang, weinte die ganze Familie; der Papa selbst am allermeisten«, berichtete Marie Valérie. Er hatte den Familienangehörigen verboten, die tiefe Trauer abzulegen. Doch erschienen Gisela und Marie Valérie sowie ihre Schwägerin Stephanie geschmückt mit dem Band des ihnen am Tag zuvor verliehenen neuen Elisabeth-Ordens, dessen erstes Großkreuz schon im September Irma Sztáray erhalten hatte.

Zu Ostern war die Erzherzogin Marie Valérie mit ihren Kindern erneut beim Vater in Schönbrunn. Nach Wallsee zurückgekehrt, fand sie den von ihr in Auftrag gegebenen gotischen Reliquienschrein vor, um »Mamas Hemd vom 10.9., das die Spuren des Dolches und des Herzbluts trägt, darin in der Kapelle aufzuheben. Heute Abend legten Franz und ich das kostbare Andenken hinein, auch die Bürste und Kämme, mit welchen Mama nach dem Tod gekämmt worden war, sollen dort aufbewahrt bleiben. Danach beteten wir De profundis, und ich fühlte Mama uns nahe wie lange nicht.«

78 Kaiserin Elisabeth (rechts) mit ihrer ungarischen Hofdame Ida Ferenczy (links), eine sehr ungewöhnliche Fotografie der bereits etwas älteren Kaiserin aus dem Jahr 1891.

Die bayerische Verwandtschaft der toten Kaiserin hatte an Franz Joseph den Wunsch herangetragen, die Blumen, die in Sisis Sarg lagen, ehe dieser in Genf geschlossen worden war, zu erhalten. Damals hatte Marie Valérie gerade aus diesen getrockneten Blumen kleine Andenken zusammenstellen lassen. Der Kaiser sandte eines an die Herzogin Marie José sowie an »Gackel«, Sisis Bruder, und an dessen Töchter Amélie, Elisabeth und Marie Gabrielle. Ein solches Gesteck erhielt auch Prinzessin Marie Therese von Bayern.

Nach dem Tod Elisabeths erledigte Ida Ferenczy gemeinsam mit Marie Valérie die heikle und viel Taktgefühl erfordernde Aufgabe zu bestimmen, wer welches Andenken aus den persönlichen Gegenständen der Königin erhalten sollte. Dies läßt sich auch durch folgende wenige Zeilen veranschaulichen: »Liebe Ida – wenn es noch möglich ist – bitte ich Sie das für Liechtenstein bestimmte Glas auszutauschen, welches eher an Carmen Sylva geschenkt werden sollte, an Liechtenstein aber ein Petschaft. Falls Gisela sich noch dort befindet, bitte ihr das zu erwähnen, übrigens nur mit den Herren auszurichten. Mit tausend Grüßen Valérie.«

Die der Königin entgegengebrachte Liebe übertrug die Ungarin Ida Ferenczy auf deren Töchter. Vor allem mit Marie Valérie blieb sie bis zu ihrem Tod in persönlicher, in ungarischer Sprache geführter Korrespondenz. Die einst bescheidene Kleinstadtfrau hatte sich zu einer exzellenten Gesellschafterin entwickelt, die mit einer nie nachlassenden Liebe an ihrer Herrin hing, die sie um 30 Jahre überlebte.

Ida Ferenczy war es auch, die anregte, ein kleines Museum zur Erinnerung an die Königin einzurichten, zu dem die Erzherzoginnen Marie Valérie und Gisela zahlreiche Andenken beisteuerten. Am 15. Januar 1908 wurde das Gedenkmuseum eröffnet.

Liebe Ida! Herzlichen Dank für Ihren lieben Brief, aus dem ich mit Freude sehe, daß es Ihnen besser geht, da Sie nach Budapest zu reisen beabsichtigen. Gestern erzählte ich Papa alles, was Sie mir schrieben; er ist damit ganz einverstanden, so zu handeln, wie Sie es vorschlugen und Mamas Budaer Wohnung zu überprüfen und alle Gegenstände aufzuschreiben, die zum ›Elisabeth-Zimmer‹ passen. Bitte benachrichtigen Sie mich, liebe Ida, wenn Sie nach Wien zurückgekehrt sind. Wenn Sie sich wohl genug fühlen, werde ich Sie gleich bitten, zum Mittagsmahl hierher zu

79 Lebensgroße Wachsfigur der Kaiserin Elisabeth aus den Ateliers der Madame Tussaud, London, im Sisi-Gedenkmuseum in München am Isartor

Von einer Schenkung, die Ida Ferenczy vorgenommen hatte, wußten weder Marie Valérie noch der Kaiser etwas. So war die Erzherzogin erstaunt, als sie am 23. April 1901 in der Matthias-Kirche, der Krönungskirche ihrer Eltern, das Brautkleid ihrer Mutter in einen Ornat umgearbeitet sah und unter den vielen Andenken dort auch den Brautkranz erkannte. Sie er-

kommen, und Papa hat schon gesagt, daß er sich freuen wird. Sie bei dieser Gelegenheit hier bei uns sehen zu dürfen. So können wir alles gemeinsam besprechen. Nach einem langen und schlimmen Winter kommt vielleicht endlich auch hier einmal der Frühling. Falls Sie meinen Gemahl getroffen haben, so erzählte er Ihnen sicherlich die Neuigkeiten über die Villa Hermes. Wir erwarten Marie Kornis am 6. Ich hoffe vom Herzen, daß ich Sie in guter Gesundheit wiedersehen werde, liebe Ida, mit tausend Grüßen verbleibe ich Ihre Valérie.

fuhr zudem, daß in der Kirche allwöchentlich Messen gelesen wurden, die ihre Mutter viele Jahre zuvor gestiftet hatte, und zwar für den Kaiser, für sie und ein »Flora genanntes Wesen«, über dessen Identität sie nur Vermutungen anstellen konnte und die immer noch nicht geklärt ist.

Am 10. Todestag der Kaiserin nahm Marie Valérie wieder in Budapest an einem Requiem für ihre Mutter teil. Bei dieser Gelegenheit zeigte ihr Irma Sztáray ihr Buch mit Erinnerungen an die Kaiserin. Marie Valérie beurteilte es zwar als »schön, taktvoll, wahrheitsgetreu«, fand Sztárays Urteil über die Kaiserin erstaunlich richtig. Der einzige größere Irrtum, den sie feststellte, war, daß die Hofdame behauptete, Marie Valérie habe im Herzen der Kaiserin neben dem Kaiser die erste Stelle eingenommen. In Wirklichkeit stand Marie Valérie stets an erster Stelle. Gerade das Verhältnis der Eltern zueinander sei bestens geschildert, erklärte die Erzherzogin. Das Buch trägt den Titel ›Aus den letzten Jahren der Kaiserin Elisabeth‹ und erschien 1909 in Wien.

Eines der wenigen Bücher, die die Kaiserin in ihren letzten Lebensjahren immer wieder gelesen hatte, war Bertha von Suttners pazifistischer Roman ›Die Waffen nieder‹. 1908, zehn Jahre nach dem Tod der Kaiserin, schrieb die 1905 als erste Frau mit dem Friedensnobelpreis ausgezeichnete Autorin in ihren Memoiren einen bewegenden Nachruf auf die einstige Monarchin: »Kaiserin Elisabeth ermordet! Ein verruchter Dolchstoß in ein stilles, stolzes, weltabgewandtes und schönes Herz. … Als ein strahlendes und poetisches Bild wird in der Geschichte das Andenken an die schmerzensreiche, schönheitsbegeisterte Fürstin fortleben. Und daß sie nicht im Bette starb, an Krankheit oder Altersschwäche, sondern zusammenstürzte unter dem Todesstreiche eines fanatischen Ir-

Wie weh tut es, dass kein Kreuzchen, keinerlei Erinnerungszeichen die Stelle bezeichnet, jenen Baum an der Ecke gegenüber dem Hotel … Von da bis zur Haltestelle, wo damals das Schiff ›Genève‹ stand, zählte ich 50 Schritte … Mittags liess man uns die beiden von Mama bewohnten Zimmer sehen, die ja auch … durch kein Zeichen geheiligt sind … Nach einer Seefahrt zurückgekehrt, sah ich an einem der Landungsplätze die ›Genève‹ liegen, und hineilend gelang es uns auch, dieses erinnerungsschmerzliche Schiff zu besichtigen, auf dem sie die letzten Worte gespro-

80 Der Mythos, der sich um Leben und Tod Kaiserin Elisabeths rankt, kennt kaum seinesgleichen. Zahlreiche dramatische Verarbeitungen ihres Lebens ranken sich meist entweder um die süße Liebesgeschichte zwischen der naturverbundenen Prinzessin und dem mächtig-stolzen Kaiser oder um den tragischen und sinnlosen Tod der schönen, einsamen Kaiserin. Nicht anders auch in der im deutschsprachigen Raum berühmtesten Verfilmung ihres Lebens: die Tetralogie ›Sissi‹ mit Romy Schneider in der Titelrolle und Karlheinz Böhm als Franz Joseph; hier: ›Sissi, die junge Kaiserin‹, 1964

ren, gerade als sie den Fuß auf die Schiffsbrücke setzte zu einer neuen Fahrt in die geliebte Naturpracht hinein. Das wird – so erschütternd traurig es ist, so hassenswert die Tat, die es verschuldet – das wird jenes Bild mit einem tragischen Zauber umweben. Vom Grau des Alltags hebst du dich ab für alle Zeiten – eine Gestalt in leuchtendem Schwarz – Elisabeth von Österreich!«

chen. – Mit einem Gang in jenes Musikgeschäft, wo sie eine halbe Stunde vor ihrem Tod für uns die ›Werkel‹ gekauft, schlossen wir unsere Wallfahrt. Ein Komis zeigte uns Irma Sztárays in Mamas Auftrag geschriebene Unterschrift ›Erzsébet Királyné‹ und gab uns eigentlich erst ganz genau die zuvor erwähnte Stelle am Quai an, mit dem Zusatz ›Die Stelle ist nicht bezeichnet, und das ist auch besser, so etwas muss man vergessen.‹
Marie Valérie, Tagebucheintrag vom 10. September 1910

Zeittafel

1830	18. August: Franz Joseph in Wien geboren.
1837	24. Dezember: Elisabeth Amalie Eugenie kommt als viertes Kind des Herzogs Max in Bayern und seiner Ehefrau Ludovika, geborene Prinzessin von Bayern, zur Welt. Taufpatin wird ihre Tante, Kronprinzessin Elisabeth von Preußen.
1838	Januar: Herzog Max in Bayern auf Orientreise.
1839	Elisabeths Bruder Karl Theodor (»Gackel«) geboren.
1841	Elisabeths Schwester Marie Sophie Amalie geboren.
1843	Elisabeths Schwester Mathilde Ludovika (»Spatz«) geboren.
1846	Baronin Luise Wulffen wird Elisabeths Erzieherin.
1847	Elisabeths Schwester Sophie Charlotte Auguste geboren. 27. Februar: Erste Ansätze zu einer Revolution in Deutschland. März-Mai: Aufstände in Wien, Berlin, München. 18. März: Erhebungen in Italien gegen die österreichische Herrschaft. Die Aufständischen wollen die Wiener Hofburg stürmen. Flucht der kaiserlichen Familie nach Innsbruck. 18. Mai: Deutsche Nationalversammlung in der

Frankfurter Paulskirche eröffnet.
Juni: Elisabeth lernt die Erzherzöge Franz Joseph und Karl Ludwig in Innsbruck kennen. Beginn des Briefwechsels zwischen Elisabeth und Karl Ludwig.
27. Juni: Erzherzog Johann von Österreich wird Reichsverweser.
6. August: Österreich gewinnt die oberitalienischen Gebiete zurück.
18. August: Erzherzog Franz Joseph volljährig.
28. September: Graf Lamberg in Budapest ermordet. Beginn des ungarischen Aufstands.
31. Oktober: Das von Aufständischen besetzte Wien wird durch kaiserliche Truppen eingenommen.
2. Dezember: Der österreichische Kaiser Ferdinand I. dankt ab. Franz Joseph I. besteigt den Thron. Der ungarische Reichstag erkennt Franz Joseph nicht als Staatsoberhaupt an.

1849	Niederwerfung Ungarns mit russischer Militärhilfe. Elisabeths Bruder Max Emanuel (»Mapperl«) geboren. 4. März: Franz Joseph I. diktiert ein Grundgesetz für Österreich (»Märzverfassung«).

28. März: Deutsche Reichs-
verfassung in Frankfurt
angenommen. Friedrich
Wilhelm IV. von Preußen
zum deutschen Kaiser
gewählt.
14. April: Ungarn erklärt
seine Unabhängigkeit.
Herbst: Österreich gewinnt
mit russischer Hilfe die
Oberhand in Ungarn. Der
Aufstand wird blutig nie-
dergeschlagen. Kaiser
Franz Joseph trifft Zar
Nikolaus I. in Warschau.

1851 Franz Joseph ruft Metternich nach Wien zurück.

1852 Elisabeth schreibt ihre ersten Gedichte.
Berlinbesuch Franz Josephs.
2. Dezember: Thronbestei-
gung Kaiser Napoleons III.
von Frankreich (»Zweites
Kaiserreich«)

1853 15. August: Elisabeth und
ihre Schwester Helene
(»Nené«) treffen den Kaiser
in Ischl.
18. August: Franz Joseph
verlobt sich mit Elisabeth
und nicht wie geplant mit
deren Schwester Helene.
Oktober: Der Kaiser in
Possenhofen. Das Brautpaar
nimmt an den Münchner
Hoffesten teil.
20. Dezember: Franz Joseph
erneut in Possenhofen.
Zweimaliges Zusammen-
treffen Kaiser Franz
Josephs mit Zar Nikolaus I.

1854 24. April: Franz Joseph
und Elisabeth heiraten in
der Wiener Augustiner-
kirche.
29. April: Volksfest zu
Ehren des Kaiserpaares.
Österreichisch-russisches
Verteidigungsbündnis.

1855 2. März: Nikolaus I. von
Rußland stirbt. Sein Sohn
Alexander II. wird Zar.
5. März: Elisabeths Tochter
Sophie geboren († 1857).
21. März: Erster Besuch Elisabeths in Possenhofen
nach der Heirat.
Sommer: Konkordat zwi-
schen Österreich und dem
Heiligen Stuhl. Kaiser
Franz Joseph reist zur Weltausstellung nach Paris.

1856 17. Februar: Heinrich Heine
stirbt.
15. Juli: Elisabeths Tochter
Gisela geboren.
September: Franz Joseph
und Elisabeth fahren in die
Steiermark und nach Kärn-
ten.
Zunehmende Auseinander-
setzungen zwischen Elisa-
beth und ihrer Schwieger-
mutter Sophie.
November: Das Kaiserpaar
reist über Triest nach Venedig und Mailand.

1857 5. Januar: Fahrt über
Vicenza nach Verona.
11. Januar: Empfang in
Brescia. Anschließend Aufenthalt in Mailand. Gleich-
gültige oder ablehnende
Haltung des italienischen
Adels und der Bevölkerung.
2. März: Das Kaiserpaar
verläßt Mailand. Ungarn-
reise Franz Josephs und
Elisabeths mit den beiden
Töchtern.
4. Mai: Ankunft in Ofen.
Aufenthalt in Budapest.
13. Mai: Schwere Erkran-
kung der Kinder.
23. Mai: Abreise nach
Jászberény.
28. Mai: Ankunft in
Debreczin.

29. Mai: Tochter Sophie stirbt.

30. Mai: Rückkehr nach Laxenburg. Graf Gyula Andrássy erhält die Erlaubnis, nach Ungarn zurückzukehren.

In Preußen übernimmt Prinz Wilhelm die Regentschaft für den unheilbar geisteskranken Friedrich Wilhelm IV.

1858   21. August: Kronprinz Rudolf geboren.

August: Elisabeths Schwester Helene heiratet den Erbprinzen Maximilian von Thurn und Taxis, ihre Schwester Marie den Kronprinzen Franz von Neapel und Sizilien aus dem Hause Bourbon.

1859   Beginn der italienischen Einigungsbewegung.

22. Mai: Ferdinand II. von Neapel und Sizilien stirbt. Franz II. wird König.

28. Mai: Elisabeths Bruder Ludwig heiratet die Schauspielerin Henriette Mendel, Freiin von Wallersee.

Krieg Österreichs gegen Sardinien und Frankreich. Kaiser Franz Joseph nimmt am italienischen Feldzug teil.

Juni: Österreichische Niederlage bei Magenta und Solferino.

12. Juni: Waffenstillstand von Villafranca. Franz Joseph trifft mit Napoleon III. zusammen.

10. November: Friede von Zürich zwischen Österreich, Sardinien und Frankreich. Österreich muß die Lombardei an Piemont-Sardinien abtreten.

1860/1861   Italienische Einigung.

1860   Mai: Garibaldis »Zug der Tausend« durch Sizilien und Süditalien.

6. Juni: Palermo fällt.

13. Juli: Elisabeths Brüder Ludwig und Karl in Laxenburg.

21. August: Garibaldi landet auf dem italienischen Festland.

Oktober-Februar 1861: Bei der Belagerung Gaëtas zeichnet sich Elisabeths Schwester Maria, Königin von Neapel und Sizilien, durch besondere Tapferkeit aus.

Zunehmende innere Unruhe bei Elisabeth.

Oktober: Höhepunkt der Auseinandersetzungen zwischen Elisabeth und der Erzherzogin Sophie.

17. November: Überstürzte Abreise Elisabeths nach Madeira.

1861   2. Januar: Friedrich Wilhelm IV. von Preußen stirbt. Wilhelm I. wird König.

13. Februar: König Franz II. von Neapel kapituliert vor den Truppen Garibaldis. Das Königspaar flieht nach Rom.

14. März: Viktor Emanuel II. wird König von Italien. Hauptstadt des Königreichs wird Florenz.

28. April: Elisabeth reist von Madeira nach Cadix und Sevilla, dann über Mallorca und Malta nach Korfu.

15. Mai: Ankunft in Korfu. Rückkehr nach Wien über Triest.

Streitigkeiten mit der Erzherzogin Sophie um die

Erziehung der Kinder.
Elisabeth zieht sich weitge-
hend vom Hof zurück.
23. Juli: Erneute Abreise
nach Korfu.
23. August: Elisabeths
Schwester Helene auf
Korfu.
13. Oktober: Kaiser Franz
Joseph besucht seine Frau.
26. Oktober: Elisabeth reist
von Korfu nach Venedig ab.
3. November: Die Kinder
Gisela und Rudolf treffen in
Venedig ein.

1862   März: Kaiser Franz Joseph
in Venedig.
April: Elisabeths Mutter
kommt ebenfalls zu Besuch.
Mai: Franz Joseph erneut in
Venedig. Gemeinsame
Rückkehr des Kaiserpaares
nach Wien. Elisabeth in
Reichenau.
2. Juni: Elisabeth zur Kur in
Kissingen.
Juli: Besuch in Possenhofen.
14. August: Die Kaiserin
kehrt nach Wien zurück.
September: Bismarck wird
preußischer Minister-
präsident.

1863   Februar: Elisabeth nach drei
Jahren erstmals wieder auf
einem Hofball. Sie beginnt
mit dem systematischen
Studium der ungarischen
Sprache.
Juni / Juli: Die Kaiserin hält
sich wieder zur Kur in Kis-
singen auf.
Freundschaft mit dem Her-
zog von Mecklenburg und
John Collett.
August: Fürstentag in
Frankfurt am Main unter
Leitung von Kaiser Franz
Joseph. Auf Betreiben
Bismarcks bleibt König

Wilhelm I. von Preußen
dem Treffen fern.

1864   Dänischer Konflikt. Krieg
Österreichs und Preußens
gegen den Dänenkönig
Christian IX., der Schleswig
seinem Reich eingliedern
will.
10. März: König Max II. von
Bayern stirbt. Sein Sohn
Ludwig II. folgt ihm auf
den Thron.
Erzherzog Maximilian wird
als Kaiser von Mexiko ein-
gesetzt.
14. April: Maximilian und
seine Frau Charlotte reisen
nach Mexiko ab.
Sommer: Elisabeth in
Kissingen und Possenh-
ofen. Treffen mit Ludwig II.
von Bayern.
30. Oktober: Friede von
Wien. Dänemark muß
Schleswig, Holstein und
Lauenburg an Österreich
und Preußen abtreten, die
die Länder gemeinsam ver-
walten.

1865   Februar: Elisabeths Bruder
Karl Theodor heiratet
Prinzessin Sophie von
Sachsen. Die Kaiserin
nimmt an den Feierlich-
keiten in Dresden teil.
28. März: Elisabeth reist
nach München. Begegnung
mit Ludwig II. von Bayern.
Juli: Die kaiserliche Familie
in Ischl.
Elisabeth reist anschließend
zur Kur nach Kissingen.
August: Höhepunkt im
Konflikt um die Erziehung
des Kronprinzen Rudolf.
Elisabeth setzt bei Franz
Joseph durch, daß ihr die
Erziehung der Kinder
übertragen wird.

14. August: Der Vertrag von
Gastein zwischen Preußen
und Österreich soll die
Spannungen zwischen bei-
den Mächten um die Ver-
waltung von Schleswig,
Holstein und Lauenburg
entschärfen.
12. Dezember: Der Kaiser
zu Verhandlungen in
Budapest.
13. Dezember: Elisabeth in
München.
30. Dezember: Der Kaiser
kehrt nach Wien zurück.

1866   Elisabeth in Budapest.
Begeisterter Empfang.
April: Geheimes Angriffs-
bündnis zwischen Preußen
und Italien gegen Öster-
reich.
Juni: Geheimer Neutra-
litätsvertrag zwischen
Österreich und Frankreich.
Preußen tritt aus dem
Deutschen Bund aus.
15. Juni: Ausbruch des
Deutschen Kriegs zwischen
Preußen und Österreich um
die Vorherrschaft in
Deutschland.
Italienisch-österreichischer
Krieg. Österreich erringt
Siege bei Custozza und
Lissa.
29. Juni: Elisabeth wieder in
Wien.
3. Juli: Sieg Preußens bei
Königgrätz.
Juli: Die Kaiserin mit den
Kindern Gisela und Rudolf
in Budapest und Ofen.
26. Juli: Vorfriede von
Nikolsburg.
Juli: Elisabeth kehrt nach
Wien zurück. Vergeblicher
Vermittlungsversuch um
einen Ausgleich mit
Ungarn.

2. August: Wieder in Ofen.
Elisabeth lernt das Schloß
Gödöllö bei Budapest
kennen.
18. August: Gründung des
Norddeutschen Bundes
unter Preußens Führung.
Bismarck wird im folgen-
den Jahr Bundeskanzler.
23. August: Friede von Prag
zwischen Preußen und
Österreich.
Auflösung des Norddeut-
schen Bundes. Österreich
scheidet aus dem deutschen
Reichsverband aus. Verlust
Venetiens an Italien.
September: Nach der Rück-
kehr nach Wien befaßt sich
Elisabeth intensiv mit der
ungarischen Geschichte.
20. September: Preußen an-
nektiert Hannover, Kurhes-
sen, Nassau und Frankfurt
am Main.

1867–1871 Beust wird österreichi-
scher Ministerpräsident
und Reichskanzler.
Österreich-ungarischer
Ausgleich. Sonderrechte für
Ungarn innerhalb der
Doppelmonarchie (eigener
Reichstag, gesondertes
Ministerium).

1867   Januar: Elisabeths Schwester Sophie mit König
Ludwig II. von Bayern
verlobt.
März: Elisabeths Schwä-
gerin Sophie von Sachsen
stirbt.
12. März: Kaiser Franz
Joseph in Budapest begei-
stert empfangen. Er erhält
Schloß Gödöllö als Ge-
schenk.
April: Luxemburg-Krise.
8. Juni: Krönungsfeierlich-
keiten in Budapest.

19. Juni: Kaiser Maximilian von Mexiko in Querétaro erschossen. Mexiko erneut Republik.

26. Juni: Elisabeths Schwager Maximilian von Thurn und Taxis stirbt. Das Kaiserpaar nimmt an der Trauerfeier in Regensburg teil. Anschließend Aufenthalt in Ischl. Franz Joseph und Elisabeth treffen in Salzburg Napoleon III. und Kaiserin Eugénie. Weiterreise Elisabeths nach Zürich und Schaffhausen.

August: Salzburger Treffen zwischen Franz Joseph und Napoleon III.

November: König Ludwig II. von Bayern löst die Verlobung mit Sophie in Bayern.

Der Kaiser reist zur Weltausstellung nach Paris.

1868   5. Februar: Elisabeth für mehrere Monate in Ungarn.

22. April: Tochter Marie Valérie in Budapest geboren.

9. Juni: Die Kaiserin fahrt nach Ischl. Anschließend Aufenthalt am Starnberger See.

September: Sophie in Bayern heiratet Ferdinand von Bourbon-Orléans, Herzog von Alençon.

Winter: Elisabeth in Gödöllö. Nationalitätengesetz in Ungarn erlassen.

1869–1870   Erstes Vatikanisches Konzil.

1869   Juli: Elisabeth für sechs Monate auf dem Schloß ihres Bruders Ludwig in Garatshausen.

26. Oktober: Franz Joseph tritt seine Orient-Reise an.

17. November: Eröffnung des Suez-Kanals nach zehnjähriger Bauzeit. Franz Joseph I. bei den Feiern anwesend.

Dezember: Elisabeth in Rom. Audienz beim Papst.

1870/1871   Deutsch-französischer Krieg.

1870   Sommer: Die Kaiserin in Ischl und Neuberg/Schneealpe.

13. Juli: Emser Depesche Bismarcks.

19. Juli: Frankreich erklärt Preußen den Krieg.

1. September: Schlacht bei Sedan. Napoleon III. in deutscher Gefangenschaft.

4. September: Ausrufung der französischen Republik (»Dritte Republik«).

20. September: Italienische Truppen besetzen nach dem Abzug der Franzosen Rom. Flucht des Königs von Neapel.

Oktober: Elisabeth für sechs Monate in Meran.

Heinrich Schliemann beginnt mit den Ausgrabungen in Troja.

1871   18. Januar: Gründung des Deutschen Reiches. König Wilhelm I. von Preußen wird zum deutschen Kaiser proklamiert. Bismarck wird Reichskanzler.

11. August: Treffen Kaiser Franz Josephs mit dem deutschen Kaiser Wilhelm I.

Oktober/November: Elisabeth mit ihrer Tochter Marie Valérie in Meran.

9. November: Gyula Andrássy wird in der Nachfolge von Beust österreichisch-ungarischer Minister des Äußeren (bis 1879).

Elisabeth besucht mit ihrer Tochter Marie Valérie Meran und Ischl.

27. Mai: Tod der Erzherzogin Sophie. Die Kaiserfamilie in Wien.

September: Kaiser Franz Joseph und Zar Alexander II. besuchen Kaiser Wilhelm I. in Berlin.

September / Oktober: Elisabeth in Possenhofen, Ofen und Gödöllö.

1873   9. Januar: Napoleon III. im englischen Exil gestorben.

9. Februar: Kaiserin Karoline Augusta, vierte Gemahlin Kaiser Franz' I. und Tante Elisabeths, stirbt in Salzburg.

20. April: Erzherzogin Gisela heiratet Leopold Prinz von Bayern.

Weltausstellung in Wien.

30. Juli: Besuch des Schahs von Persien.

Oktober: Elisabeth in Gödöllö.

22. Oktober: Dreikaiserabkommen (»Konsultativpakt«) zwischen Österreich, Rußland und dem Deutschen Reich. Isolierung Frankreichs.

2. Dezember: Fünfundzwanzigjähriges Regierungsjubiläum Kaiser Franz Josephs.

1874   Januar: Elisabeth in München. Besuch des Cholera-Spitals und der Nervenheilanstalt. Ende des Monats in Pest.

1. Februar: Hugo von Hoffmannsthal geboren.

Faschingsdienstag: Elisabeth incognito als gelber Domino »Gabriele« auf dem Maskenball. Begeg-

nung mit Friedrich Pacher von Theinburg. In der Folge heimliche Korrespondenz.

29. April: Herzog Karl Theodor in Bayern heiratet in zweiter Ehe Marie José, Infantin von Portugal.

Juli-September: Elisabeth und Marie Valérie zum Badeurlaub auf die Isle of Wight. Treffen mit dem englischen Königspaar.

Herbst: Elisabeth in Gödöllö (ohne Marie Valérie); Kaiser Franz Joseph besucht St. Petersburg.

1875–1878   Balkankrise.

1875   April / Mai: Kaiser Franz Joseph in Triest und Venedig.

Mai / Juni: Elisabeth macht ihr Testament.

29. Juni: Der entmündigte Kaiser Ferdinand I. stirbt. Franz Joseph ist Haupterbe.

Sommer: Elisabeths Bruder Max Emanuel heiratet Amalie von Coburg.

Die Kaiserin mit ihrer Tochter Marie Valérie in Sassetôt-les-Mauconduits / Normandie.

11. September: Reitunfall Elisabeths in Sassetôt.

26. September: Elisabeth in Paris. Dann Rückkehr nach Gödöllö.

1876   Januar: Franz von Deak stirbt.

März: Elisabeth in England.

12. März: Queen Victoria empfängt Elisabeth in Windsor.

5. April: Rückkehr der Kaiserin nach Wien.

Sommer: Elisabeth in Possenhofen und Ischl.

Herbst: Reisen nach Korfu, Triest und Gödöllö.

1877   Januar: Elisabeth in Ofen.
        Februar: Rückkehr nach
        Wien.
        Herbst: Aufenthalt in
        Gödöllö.
1878   Elisabeths Schwiegervater
        Erzherzog Franz Karl stirbt.
        Januar / Februar: Elisabeth
        mit Kronprinz Rudolf in
        England. Treffen mit Marie,
        Königin von Neapel.
        Österreich-Ungarn besetzt
        Bosnien und die Herzego-
        wina.
        13. Juni–13. Juli: Berliner
        Kongreß. Ausgleich zwi-
        schen Österreich-Ungarn,
        England und Rußland.
        Umgestaltung der Friedens-
        bedingungen von San Ste-
        fano (3. März). Unabhängig-
        keit Rumäniens, Serbiens,
        Bulgariens und Monte-
        negros bestätigt. Bosnien
        und die Herzegowina unter
        österreichischer Verwal-
        tung.
        Sommer: Elisabeth in Ischl.
        9. September: In Tegernsee
        gemeinsame Feier der Gol-
        denen Hochzeit von Max
        und Ludovika in Bayern.
        Herbst: Die Kaiserin in
        Wien und Gödöllö.
        11. Dezember: Unfall des
        Kronprinzen Rudolf; er ver-
        letzt sich mit einem Zim-
        mergewehr.
1879–1893   Eduard Taaffe öster-
        reichischer Minister-
        präsident.
1879   Februar / März: Elisabeth
        auf Jagd in Irland.
        März: Hochwasserkata-
        strophe in Szegedin.
        Rückkehr der Kaiserin nach
        Wien.
        Silberhochzeit des Kaiser-
        paares.

·   Elisabeth in Ungarn, dann
        in Possenhofen.
        Herbst: Elisabeth in
        Gödöllö.
        Graf Gyula Andrássy tritt
        als Minister des Äußeren
        zurück.
        7. Oktober: Abschluß des
        Zweibundes; Geheimes
        Verteidigungsbündnis zwi-
        schen dem Deutschen Reich
        und Österreich-Ungarn.
1880   Februar: Elisabeth in Irland.
        Gefahrvolle Jagden.
        10. März: Kronprinz Rudolf
        verlobt sich mit Prinzessin
        Stephanie von Belgien.
        Elisabeth kehrt über Brüssel
        nach Wien zurück. An-
        schließend Ungarnbesuch.
1881   15. Februar: Elisabeth in
        Cheshire / England ange-
        kommen.
        28. März: Elisabeth trifft auf
        der Rückreise in Paris ihre
        Schwestern Marie von
        Neapel, Mathilde von Trani
        und Sophie von Alençon.
        Kronprinz Rudolf heiratet
        Stephanie von Belgien.
        18. Juni: Dreikaiservertrag
        (geheimes Neutralitätsab-
        kommen) zwischen dem
        Deutschen Reich, Öster-
        reich-Ungarn und Rußland
        auf drei Jahre.
        Sommer / Herbst: Elisabeth
        in Bayern und in Gödöllö.
        Oktober: König Humbert I.
        von Italien und seine Frau
        besuchen Wien.
        8. Dezember: Brand im
        Wiener Ringtheater.
1882   Frühjahr: Besuch Elisabeths
        in England. Anschließend
        Aufenthalt in Paris und
        Ofen.
        20. Mai: Dreibund. Gehei-
        mes Verteidigungsbündnis

zwischen Deutschem Reich,
Österreich und Italien.
Juni-August: Die Kaiserin
in Bayern und Ischl.
September: Das Kaiserpaar
in Triest und Dalmatien.
Attentatsgefahr.

1883   Elisabeth in Baden-Baden.
13. Februar: Richard Wag-
ner stirbt in Venedig.
Sommer: Reisen der Kaise-
rin nach Bayern und Ischl.
November: Katharina
Schratt spielt am Wiener
Burgtheater.
Geheimes Verteidigungs-
bündnis zwischen Öster-
reich-Ungarn und Rumä-
nien. Das Deutsche Reich
tritt dem Abkommen bei.

1884   April: Elisabeth in Wies-
baden.
Mai: Reise zu Dr. Mezger
nach Amsterdam.
Sommer: Elisabeth in
Bayern und Ischl.
6. August: Der deutsche
Kaiser Wilhelm I. zu Besuch
in Ischl.
Herbst: Die Kaiserin in
Gödöllö und Ofen.
11. November: Besuch der
Königin Elisabeth von
Rumänien (Carmen Sylva).
Dreikaiservertrag von 1881
wird um weitere um drei
Jahre verlängert.

1885   Unruhen auf dem Balkan.
Januar: Elisabeth in Budapest.
19. Januar: Erholungstage
der Kaiserin in Schloß
Miramar.
März: Elisabeth nochmals
zur Kur in Holland. Auf der
Rückreise: Aufenthalte in
Heidelberg und in Bayern.
25./26. August: Das Kaiserpaar trifft den Zaren Alex-

ander III. von Rußland in
Kremsier.
Herbst: Elisabeth mit Marie
Valérie in Ischl. Anschließend unternimmt die Kaiserin eine Kreuzfahrt zu den
griechischen Inseln und in
die Türkei.
1. November: Rückkehr
nach Miramar.
Dezember: Elisabeth in
Gödöllö. Depressionen.
Selbstmordgedanken.

1886   28. Januar: Auf dem Hofball
bemüht sich Erzherzog
Franz Salvator um Marie
Valérie.
6. Februar: Elisabeth reist
nach Miramar.
11. Februar: Kronprinz
Rudolf schwer erkrankt.
März-Juni: Elisabeth mit
Marie Valérie zur Kur in
Baden-Baden. Rückkehr
über Feldafing-Garats-
hausen. Die depressive
Stimmung der Kaiserin
verstärkt sich zusehends.
8. Juni: Ludwig Graf Trani,
Elisabeths Schwager, stirbt
in Paris.
9./12. Juni: Ludwig II. von
Bayern wird für geistes-
krank erklärt und gefan-
gengenommen. Prinzregent
Luitpold übernimmt die
Regentschaft.
13. Juni: Ludwig II. und Dr.
von Gudden ertrinken im
Starnberger See. An der
Beisetzung in München
nimmt Kronprinz Rudolf
teil.
Ende Juni: Elisabeth tritt
eine Badereise nach Gastein
und Ischl an. Treffen mit
Bismarck.
Herbst: Die Kaiserin in
Gödöllö.

11. Dezember: Elisabeth
besucht in Wien die
Landesirrenanstalt.
Beginn der Freundschaft
zwischen Kaiser Franz Jo-
seph und der Schauspiele-
rin Katharina Schratt.

1887   20. Februar: Erneuerung des
Dreibundes.
Frühjahr: Elisabeth in
Herkulesbad / Südungarn.
28. April: Besuch der rumä-
nischen Königin Elisabeth
(Carmen Sylva) in Herku-
lesbad. Beginn einer
Freundschaft zwischen den
beiden Frauen.
18. Juni: Rückversiche-
rungsvertrag. Geheimes
Neutralitätsabkommen
zwischen Rußland und dem
Deutschen Reich auf drei
Jahre.
Juli: Elisabeth besucht in
Hamburg Charlotte Emde,
die Schwester des Dichters
Heinrich Heine. Weiterfahrt
zum Seebad Cromer in
Norfolk. Ende des Monats
zu Besuch bei Queen
Victoria auf der Isle of
Wight.
Herbst: Seereise der Kaiserin nach Korfu zusammen
mit Freiherr Alexander von
Warsberg, dem Verfasser
der ›Odysseeischen Land-
schaften‹.
Winter: Elisabeth in Gö-
döllö. Weitere Dichtungen.
Die Kaiserin sammelt ihre
Gedichte.
12. / 16. Dezember: Orient-
Dreibund (Mittelmeer-
abkommen) zwischen
Österreich-Ungarn, Italien
und England.
Entdeckung der elektro-
magnetischen Wellen.

1888   9. März: Kaiser Wilhelm I.
stirbt.
März–Mai: Elisabeth mit
Marie Valérie in England.
Rückreise über München
und Wien.
Friedrich III. stirbt nach
99tägiger Regierungszeit.
Wilhelm II. wird deutscher
Kaiser.
Juli / August: Das österrei-
chische Kaiserpaar in
Gastein.
Katharina Schratt ist
häufiger Gast.
15. August: König Luis I.
und Kronprinz Karl von
Portugal in Ischl. Elisabeth
reist anschließend an die
Langbathseen und zu den
Wagner-Festspielen nach
Bayreuth. Bekanntschaft
mit Cosima Wagner.
Oktober: Die Kaiserin auf
Korfu. Sie beginnt das
Studium der griechischen
Sprache.
15. November: Elisabeths
Vater Max in Bayern
gestorben.
1. Dezember: Elisabeth
wieder in Miramar.
24. Dezember: Verlobung
zwischen Marie Valérie und
Erzherzog Franz Salvator.
Beide reisen mit Elisabeth
nach München.

1889   30. Januar: Kronprinz
Rudolf begeht gemeinsam
mit Mary Vetsera Selbst-
mord in Mayerling.
5. Februar: Beerdigung des
Kronprinzen.
9. Februar: Elisabeth sucht
heimlich das Grab in der
Kapuzinergruft auf.
11. Februar: Das Kaiserpaar
in Budapest.
Ostern: Elisabeth in Ischl.

Ende April: Das Kaiserpaar
in Wiesbaden. Auf der
Rückfahrt Zugunglück bei
Frankfurt am Main.
Die Kaiserin zieht sich noch
stärker von ihrer Umwelt
zurück. In ganz Europa Zei-
tungsmeldungen über ihren
angeblich besorgniserre-
genden physischen und
psychischen Zustand.
28. Mai: Freiherr Alexander
von Warsberg, der erste
Baumeister des kaiserlichen
Schlosses auf Korfu, stirbt.
Von Bukovich setzt das
Werk fort.
Sommer/Herbst: Elisabeth
in Feldafing, Gastein,
Meran, Miramar und auf
Korfu.
Winter: Reise mit der Jacht
»Miramar« über Sizilien
nach Malta und Tunis
(Karthago).
4. Dezember: Rückkehr
nach Wien.
Weihnachten: Das Kaiser-
paar in Miramar.
Gründung der Zweiten
Internationale in Paris.
Aus Anlaß der Pariser
Weltausstellung baut
Gustave Eiffel den Eiffel-
turm.

1890   18. Februar: Graf Gyula
Andrássy stirbt.
März: Elisabeth reist mit
Marie Valérie nach Wies-
baden und Heidelberg.
Kaiser Wilhelm II. erzwingt
den Rücktritt Bismarcks.
April: Treffen des öster-
reichischen Kaiserpaares
mit Kaiser Wilhelm II. und
der Kaiserin Friedrich.
Mai: Elisabeths Schwester
Helene (»Nené«) stirbt in
Regensburg.

Mai/Juni: Elisabeth in Ischl.
31. Juli: Marie Valérie
heiratet in Ischl Erzherzog
Franz Salvator.
August-Oktober: Seereise
der Kaiserin von Dover
nach Portugal, Gibraltar,
Tanger, Oran, Tenéz, Al-
gier. Überfahrt nach Ajaccio
und Marseille, dann nach
Italien (Florenz, Pompeji,
Capri).
25. November: Ankunft in
Korfu.
1. Dezember: Rückkehr
nach Miramar.
26. Dezember: Heinrich
Schliemann stirbt in
Neapel.

1891   März: Elisabeth, Marie
Valérie und Erzherzog
Franz Salvator in Korfu,
Korinth und Athen.
Die Kaiserin fährt weiter
nach Sizilien.
Ende April: Rückkehr nach
Wien. Fortsetzung des
Griechisch-Studiums.
Juli: Elisabeth in Gastein.
Herbst: Seereise nach
Korfu.
November: Elisabeth fährt
nach Kairo.

1892   26. Januar: Elisabeths Mut-
ter Ludovika gestorben.
Frühjahr: Elisabeth auf
Korfu.
Juni: Die Kaiserin zur Kur
in Karlsbad. Bedrohliche
Abmagerungskur. Ohn-
machtsanfall.
Herbst: Reise in die
Schweiz, dann nach
Gödöllö.
November: Kaiserin Elisa-
beth nimmt in Wien an
einem Essen für den Groß-
fürsten Nikolaus von
Rußland teil.

Dezember: Die Kaiserin
reist über Sizilien und die
Balearen nach Spanien. Sie
verbringt Weihnachten in
Valencia und fährt dann
weiter nach Malaga und
Granada.

1894   20. März: Lajos von Kossuth
stirbt.
März/April: Elisabeth in
Alicante und Cap Martin
bei Kaiserin Eugénie. Be-
such des Kaisers Franz
Joseph.
Ende Juni: Südtirol-Auf-
enthalt Elisabeths.
Herbst: Elisabeth auf Korfu
und in Gödöllö. Sie meidet
offizielle Verpflichtungen.
1. November: Zar Alexan-
der III. stirbt. Sein Sohn
Nikolaus II. folgt ihm auf
den Thron.
Dezember: Die Kaiserin in
Triest und Algier.
Elisabeths Schwager
Franz II. von Neapel und
Sizilien stirbt.

1895   Januar/Februar: Elisabeth
in Cap Martin, Besuch
Franz Josephs. Elisabeths
einseitige Ernährung führt
zu Beschwerden.
März/April: Weiterfahrt
nach Korsika und Korfu.
22. April: Bildsäule des
Kronprinzen Rudolf im
Achilleion aufgestellt.
23. April: Abreise nach
Venedig. Fahrt nach Wien
und Bártfa.
August: Elisabeth in Ischl.
Herbst: Die Kaiserin in Aix-
les-Bains, Genf, Territet,
Gödöllö und Wien.
Entdeckung der Röntgen-
strahlen.
Erste Filmvorführung in
Berlin.

1896   Elisabeths Schwager Karl
Ludwig stirbt. Erzherzog
Franz Ferdinand wird
österreichisch-ungarischer
Thronfolger.
Frühjahr: Elisabeth auf
Korfu.
2. Mai: Das Kaiserpaar
eröffnet die Tausendjahr-
feier des ungarischen
Königreichs.
8. Juni: Das Kaiserpaar
beim Millenniumsempfang
des ungarischen Reichstags.
Aufenthalt in Ischl.
11. Oktober: Anton Bruck-
ner stirbt in Wien.
Dezember: Elisabeth in
Biarritz. Ihr Gesundheits-
zustand ist bedenklich.
Franz Joseph sendet seinen
Leibarzt zu ihr.

1897   Frühjahr: Die Kaiserin an
der Riviera. Besuch Marie
Valéries und Kaiser Franz
Josephs. Elisabeth in einem
Zustand nervöser Erreg-
barkeit und Unruhe.
Hungerödeme. Reise nach
Territet.
18. Februar: Elisabeth faßt
ihr Testament neu ab.
5. Mai: Elisabeths Schwester
Sophie in Paris beim Brand
eines Wohltätigkeitsbasars
ums Leben gekommen. Die
Kaiserin in stark depressi-
ver Stimmung.
Sommer: Elisabeth in Kis-
singen, Wien, Ischl, am
Karersee und in Meran.
Schließlich bei Marie
Valérie in Schloß Wallsee.
21. September: Der deutsche
Kaiser Wilhelm II. in Buda-
pest bei Kaiser Franz
Joseph.
November/Dezember: Eli-
sabeth reist über Paris nach

Biarritz, dann nach Marseille und San Remo.
Kaiser Franz Joseph bei Zar Nikolaus II. in St. Petersburg.

1898 Frühjahr: Elisabeth in Territet, Kissingen, Brückenau und Ischl. Letztes Treffen mit Franz Joseph.
Mai: Luigi Lucheni trifft in Lausanne ein. Er schließt sich einer Gruppe von Anarchisten an.
Juli / August: Die Kaiserin reist über Nauheim in die Schweiz.
30. Juli: Fürst Otto von Bismarck stirbt.
30. August: Elisabeth in Caux angekommen.

8. September: Luigi Lucheni trifft in Genf ein.
9. September: Elisabeth fährt nach Genf. Sie kommt einer Einladung der Familie Rothschild in Pregny nach.
10. September: Kaiserin Elisabeth in Genf von Luigi Lucheni ermordet.
10. Oktober: Prozeßbeginn. Urteilsspruch: Lebenslänglicher Kerker für Lucheni.

1916 21. Januar: Tod Kaiser Franz Josephs in Wien.

1924 Tod der Kaisertochter Erzherzogin Marie Valérie.

1932 27. Juli: Tod der Kaisertochter Erzherzogin Gisela, der Gemahlin des Prinzen Leopold von Bayern.

Bibliographie

Conte Corti, **Egon Cäsar**: Elisabeth von Österreich. Tragik einer Unpolitischen. Graz, Wien, Köln ¹²1992
Diese bereits 1975 erschienene Biographie ist die erste moderne Biographie über Kaiserin Elisabeth und zählt zu den Standardwerken.

Grössing, **Sigrid-Maria**: Kaiserin Elisabeth und ihre Männer. Wien 1998
Portraitiert werden Elisabeths Vater, Ehemann, Sohn Rudolf, Ludwig II. von Bayern, Captain Bay Middleton, Gyula Graf Andrássy, Fritz Pacher List von Theinburg und Luigi Lucheni.

Hamann, **Brigitte**: Elisabeth. Bilder einer Kaiserin. 6. überarbeitete Auflage, Wien, München 1998
Dieser Bildband wurde unter Hinzunahme von farbigen Abbildungen neu aufgelegt.

Hamann, **Brigitte**: Elisabeth. Kaiserin zwischen Dynastie und Emanzipation. Wien, München, Berlin 1997
Die Biographie, 1971 erstmals erschienen, wurde zum Standardwerk mit Welterfolg.

Hamann, **Brigitte** (Hrsg.): Kaiserin Elisabeth. Das poetische Tagebuch. Wien 1984
Der literarische Nachlaß der Kaiserin, der laut testamentarischer Verfügung erst im 20. Jahrhundert veröffentlicht werden durfte.

Hamann, **Brigitte**: Rudolf. Kronprinz und Rebell. München ⁴1965
Die Standardbiographie über den Kronprinzen Rudolf, Sohn Elisabeths und Kaiser Franz Josephs.

Hamann, **Brigitte** (Hrsg.): »Meine liebe gute Freundin!«. Wien 1992
Die Briefe Kaiser Franz Josephs an seine Geliebte, die Schauspielerin Katharina Schratt.

Holler, **Gerd**: Sophie. Die heimliche Kaiserin. Wien, München 1993
Die erste wichtige Biographie über die Mutter Franz Josephs, Elisabeths Schwiegermutter und Tante.

Matray, **Maria** und **Krüger**, **Answald**: Das Attentat. München 1997
Analyse des Todes der Kaiserin sowie der Tat des Anarchisten Luigi Lucheni.

Praschl-Bichler, **Gabriele**: Familienalbum von Kaiser Franz Joseph und Elisabeth. Wien 1996
Das Album besteht ausschließlich aus Schwarzweißfotografien.

Praschl-Bichler, **Gabriele**: »Gott gebe, daß das Glück andauere«. Wien, München 1997
Liebesgeschichten und Heiratsangelegenheiten aus dem Haus Habsburg.

Praschl-Bichler, **Gabriele**: Kaiserin Elisabeth. Mythos und Wahrheit. Wien 1996

Psyche und Persönlichkeit Elisabeths stehen im Mittelpunkt dieser Biographie, die mit Kommentaren der Wiener Psychologen Gerti Senger und Walter Hoffmann versehen ist.

Praschl-Bichler, **Gabriele** und **Caché, Josef**: »… von dem müden Haupte nehm' die Krone ich herab«. Wien, München 1995
Einblicke in das Leben einer Kaiserin.

Schad, **Martha**: Bayerns Königinnen. Regensburg ³1995
Genealogischer Hintergrund Kaiserin Elisabeths, die aus einer Nebenlinie des bayerischen Königshauses stammte.

Schad, **Martha**: Die Familiengeschichte der Wittelsbacher in Bildern. Regensburg 1994

Schad, **Martha**: Frauen, die die Welt bewegten. Augsburg 1997
In diesem Buch mit 100 Frauenportraits findet sich unter anderem auch der Lebensweg der Erzherzogin Elisabeth (»Erszi«), der einzigen Tochter des Kronprinzen Rudolf.

Schad, **Martha**: Kaiserin Elisabeth und ihre Töchter. München 1997
Der Bildband mit 240 Abbildungen zeigt erstmals die Lebenswege der drei Töchter der Kaiserin auf, die bislang im Schatten ihres Bruders Rudolf standen.

Schad, **Martha** und **Dallmeier**, **Martin**: Das Fürstliche Haus Thurn und Taxis. 300 Jahre

Geschichte in Bildern. Regensburg 1996
Elisabeths Schwester Helene, ursprünglich als Kaiserin von Österreich vorgesehen, heiratete den Fürsten von Thurn und Taxis.

Schiele, **Irmgard**: Stephanie. Stuttgart ²1992
Biographie Stephanies Prinzessin von Belgien, der Gemahlin des Kronprinzen Rudolf und ungeliebten Schwiegertochter Elisabeths.

Sokop, **Brigitte**: Jene Gräfin Larisch. Wien ³1992
Diese Gräfin, einst die geliebte Nichte der Kaiserin und Tochter von deren Bruder Karl Theodor Herzog in Bayern, wurde wegen ihrer Rolle in der Beziehung zwischen Rudolf und Mary Vetsera später zur Verfemten von Mayerling.

Thiele, **Johannes**: Elisabeth. Das Buch ihres Lebens. München, Leipzig 1996
Die mit 850 Seiten umfangreichste Elisabeth-Biographie.

Weissensteiner, **Friedrich**: Frauen um den Kronprinzen Rudolf. Wien 1991

Wellmann, **Jutta**: Sisis kaiserliches Schönheits- und Gesundheitsbuch. Bad Sauerbrunn 1997
Sehr edel aufgemachtes, in roten Samt gebundenes Buch mit Elisabeths Schönheitsgeheimnissen, Turnprogramm, Kochrezepten sowie einem Schnittmuster für die Ballrobe der Kaiserin.

Register

Bildnachweise

<u>dtv</u> portrait

Herausgegeben von Martin Sulzer-Reichel
Originalausgaben

Biographien bedeutender Frauen und Männer aus Geschichte, Literatur, Philosophie, Kunst und Musik

Hildegard von Bingen
Von Michaela Diers
dtv 31008

Otto von Bismarck
Von Theo Schwarzmüller
dtv 31000

Die Geschwister Brontë
Von Sally Schreiber
dtv 31012

Georg Büchner
Von Jürgen Seidel
dtv 31001

Annette von Droste-Hülshoff
Von Winfried Freund
dtv 31002

Elisabeth von Österreich
Von Martha Schad
dtv 31006

Theodor Fontane
Von Cord Beintmann
dtv 31003

Johann Wolfgang von Goethe
Von Anja Höfer
dtv 31015 (i.Vb.)

Immanuel Kant
Von Wolfgang Schlüter
dtv 31014 (i.Vb.)

Erich Kästner
Von Isa Schikorsky
dtv 31011

Heinrich von Kleist
Von Peter Staengle
dtv 31009

Gotthold Ephraim Lessing
Von Gisbert Ter-Nedden
dtv 31004

Stéphane Mallarmé
Von Hans Therre
dtv 31007

Rainer Maria Rilke
Von Stefan Schank
dtv 31005

John Steinbeck
Von Annette Pehnt
dtv 31010

Johan August Strindberg
Von Rüdiger Bernhardt
dtv 31013 (i.Vb.)